从农户到农企

小さく始めて農業で利益を出し続ける7つのルール

农业经营的7项准则

[日]泽浦彰治 著

赵洋 译

人民东方出版传媒
People's Oriental Publishing & Media

东方出版社
The Oriental Press

"世界新农"丛书专家委员会

（按姓氏汉语拼音排序）

白澄宇　联合国开发计划署中国可持续发展融资项目办公室主任

才　胜　中国农业大学工学院，硕士生导师

陈　林　首辅智库学术委员会副主任委员

陈　猛　厦门大学环境与生态学院教授

陈能场　广东省科学院生态环境与土壤研究所研究员，中国土壤学会科普工作委员会主任

陈统奎　《南风窗》杂志前高级记者、全国返乡论坛发起人、6次产业家社群营造者、火山村荔枝创始人

冯开文　中国农业大学经济管理学院教授

谷登斌　河南丰德康种业股份有限公司总经理、研究员，第四届国家农作物品种审定委员会委员

侯宏伟　河南师范大学商学院MBA教育中心办公室主任，硕士生导师

胡　霞　中国人民大学经济学院教授，博士生导师

宋金文　北京外国语大学北京日本学研究中心教授

仝志辉　中国人民大学农业与农村发展学院教授，中国人民大学乡村治理研究中心主任

徐祥临　中共中央党校高端智库深化农村改革项目首席专家，经济学教授、博士生导师，首辅智库三位一体合作经济研究院院长

杨尚东　广西大学农学院教授

张耀文　德国国际合作机构（GIZ）职业教育与劳动力市场高级顾问

周维宏　北京外国语大学北京日本学研究中心教授，博士生导师

出版者的话

在中国共产党第二十次全国代表大会开幕会上，习近平总书记指出要全面推进乡村振兴，坚持农业农村优先发展，巩固拓展脱贫攻坚成果，加快建设农业强国，扎实推动乡村产业、人才、文化、生态、组织振兴，全方位夯实粮食安全根基，牢牢守住十八亿亩耕地红线，确保中国人的饭碗牢牢端在自己手中。

乡村振兴战略的提出，让农业成为有奔头的产业，让农民成为有吸引力的职业，让农村成为安居乐业的美丽家园。近几年，大学生、打工农民、退役军人、工商业企业主等人群回乡创业，成为一种潮流；社会各方面的视角也在向广袤的农村聚焦；脱贫攻坚、乡村振兴，农民的生活和农村的发展成为当下最热门的话题之一。

作为出版人，我们有责任以出版相关图书的方式，为国家战略的实施添砖加瓦，为农村创业者、从业者予以知识支持。从2021年开始，我们与"三农"领域诸多研究者、管理者、创业者、实践者、媒体人等反复沟通，并进行了深入调研，最终决定出版"世界新农"丛书。本套丛书定位于"促进农业产业升级、推广新农人的成功案例和促进新农村建设"等方面，着重在一个"新"字，从新农业、新农村、新农人、新农经、新理念、新生活、新农旅等多个角度，从全球范围内精心挑选各语种优秀"三农"读物。

他山之石，可以攻玉。我们重点关注日本的优秀选题。日本与我国同属东亚，是小农经济占优势的国家，两国在农业、农村发展的自然禀赋、基础条件、文化背景等方面有许多相同之处。同时，日本也是农业现代化高度发达的国家之一，无论在生产技术还是管理水平上，有多项指标位居世界前列；日本农村发展也进行了长时期探索，解决过多方面问题。因此，学习日本农业现代化的经验对于我国现代农业建设和乡村振兴具有重要意义。

同时，我们也关注欧洲、美国等国家和地区的优质选题，德国、法国、荷兰、以色列、美国等国家的农业经验和技术，都很值得介绍给亟须开阔国际视野的国内"三农"读者。

我们也将在广袤的中国农村大地上寻找实践乡村振兴战略的典型案例、人物和经验，将其纳入"世界新农"丛书中，并在世界范围内公开出版发行，让为中国乡村振兴事业作出贡献的人和事"走出去"，让世界更广泛地了解新时代中国的新农人和新农村。我们还将着眼于新农村中的小城镇建设与发展的经验与教训，在"世界新农"丛书的框架下特别划分出一个小分支——小城镇发展系列，出版相关作品。

本套丛书既从宏观层面介绍 21 世纪世界农业新思潮、新理念、新发展，又从微观层面聚焦农业技术的创新、粮食种植的新经验、农业创业的新方法，以及新农人个体的创造性劳动等，包括与农业密切相关的食品科技进步；既从产业层面为读者解读全球粮食与农业的大趋势，勾画出未来农业发展的总体方向和可行路径，又从企业、产品层面介绍国际知名农业企业经营管理制度和机制、农业项目运营经验等，以期增进读者对"三农"的全方位了解。

我们希望这套"世界新农"丛书，不仅对"三农"问题研究者、农业政策制定者和管理者、乡镇基层干部、农村技术支持单位、政府农业管理者等有参考价值，更希望这套丛书能对诸多相关大学的学科建设和人才培养有所启发。

我们由衷地希望这套丛书成为回乡创业者、新型农业经营主体、新农人，以及有志在农村立业的大学生的参考用书。

我们会用心做好这一套书，希望读者们喜欢。也欢迎读者加入，共同参与，一起为实现乡村振兴的美好蓝图努力。

目　录

准则一

为了作为先行者创造利润，学习成功者
身上共通的秘诀

准则二

将农作物商品化，以此来创造利润

准则三

利用农家特色进行食品加工
来提高利润率

准则六

即便手头有钱，设备资金也要采用借款

准则七

活用个人和组织的"管理方针手册"，持续产出利润

前　言

"成功者和失败者之间的差别在哪儿？""能持续务农的人和放弃的人之间的差别在哪儿？"答案意外地很简单。

从其他产业转向农业的人和企业越来越多，其中有一番作为的不在少数。原本从事农业的人当中，抢先将法人化管理引入新型农业并大获成功的也层出不穷。而与此相对的，看到那些明明开始对农业心怀理想却中途放弃、拥有出色的农业技术却遗憾退出的人，以及使用人造光将蔬菜栽培与自然相隔离的工厂等，就不免有"你们力气用错地方了啊"的惋惜。

我在进行农业经营管理的同时，加入了群马地区中小企业家的同盟会。因此，得以参加各种各样的研讨会和学习会，并去各式各样的地方考察，当然其中一些与农业相关，但也不止于此，同时获得了一些去普通企业学习经营管理模式的机会。其中，这些成功者所共同秉持的理念就是"拥有对工作的远大志向和健全的价值观，创造作为未来投资金的'利益'，这样才能实现经营"。

具体来说就是，"创造自己的客户、以长期发展的眼光来钻研自己的本职和技术、开发有价值的产品、进行扎实的投资"，以及"持续性地对（能进行上述活动的）人才进行投资教育、打造一个把每个人发挥出能力当作幸福的组织"。可以说，正是在——实践这些事情的过程中，蕴藏着农业成功的关键点。

经营有了"志向""健全的价值观"以及适当的"利益"才能得以继续。而且，在农业一线存在着"利益"和创造利益的"成长的宝物"。找到一线的"成长的宝物"，对一线的第一要素（与作业活动第一要素不同）不断精益求精，不断使之扩展增强，管理就变得尤为重要。本书的各个准则当中会融入我个人的实际经历作为例子，最大限度地化繁为简总结给大家。

我个人仍处在经营管理的迷雾之中，也曾对是否能完成一本经营管理类的书感到困惑。但出生于农民之家，又经历了家族式农业经营到法人经营式农业的发展过程，在其中获得了一些我个人的思考和经验教训。如果这些经历，能给那些从今往后想要从事农业的人、对农业经营感兴趣的人、正在考虑加入到农业领域中的企业，以及现在正在从事农业的人带来一些参考的话，如果能让更多的民众对一种农业形式多一点认识的话，我也算是执笔有因了。

如若本书能成为一份参考，使许多人靠农业取得成功、变得幸福、养育后代、不以如今的农业繁荣为终而是激发出农业的多样性，并由此使得日本饮食更加丰富，成为一个不论是食品卫生方面还是环境保护方面，谈到"食"都会让人感到安心的社会，作为笔者的我将会备感欣喜。

从以前开始要写这本书，我就收到了来自中小企业家同盟会的伙伴们、同样经营农业管理的伙伴们，还有我的客人们等各方的鼓励，如今这本书终于成形了。

值此书出版之际，向各位读者以及出版相关的工作人员表示由衷的感谢，愿各位越来越好。

概　述

为什么小型家族农业却能成长
为营业额 20 亿日元的公司？

1. 蒟蒻行情大跌，却成为重新审视农业经营模式的契机

▶ 从家族式经营到年收入 20 亿日元的农业经营法人化

现如今，我以农业法人的身份运作着一个年收入 20 亿日元的组织。组织内包括：从家族企业起家、包揽农产品生产至加工全部过程的"绿色生活"，在销售手工制作的魔芋过程中成为我们客户的、由三个农户继承者开创的蔬菜销售公司"蔬菜俱乐部"，由"绿色生活"的生产部门独立出去专门培育有机菠菜和有机油菜的"四季菜"，在和莫斯汉堡食品服务有限公司长年合作过程中孕育而出的番茄生产公司"桑格蕾丝"，以及其他涌现出来的相关公司。

如今，若再回头看的话，我觉得正是因为有了企业荒废时期的经营危机，才实现了从家族经营模式向法人经营模式的农业事业扩大化。

我 1964 年出生在群马县昭和村战后拓建土地上的一户农家，是家里的长子。记忆当中，老家在我出生前不久才刚刚通了水电，年少的时候父母在那片土地上养牛、种植水稻，田地就是我的游乐场。最亲近的朋友都住在离我家大概一公里远的地方，那时候总是和妹妹们一起玩耍。

1983 年我从当地的农校毕业，接着去畜业试验基地做了一

年的实习生。那之后，在一家肉店又差不多学习了半年精品肉的知识。20 岁的时候，正式加入到家里面的农业劳作当中，开始在田地里耕种。此外，我和父母的经济系统划分开独立开始养猪事业。

然而，在我 25 岁的时候，各种各样的困难、危机接踵而至，使我对自己的人生和未来农业经营事业都感到迷茫。我会在下面详细地叙述，但正是以这次危机为契机，我实现了从"尊听教诲，只做农业的生产环节"到"自己来制定价格、进行销售活动"的翻天覆地的转变。如果在那次陷入危机的时候，就觉得"已经完蛋了"的话，应该就没有如今的我了。

▶ 改变人生的大事

1989 年的秋天让人无法忘怀。整整一年蔬菜行情陷入低谷，蒟蒻市场也难以幸免。为此，我陷入了无法支付肥料钱、偿还外债，甚至连税都缴不出来的窘境。

屋漏偏逢连夜雨。在蒟蒻市场行情正旺时所进行的报税结果又下来了。与此同时，日本通过关贸总协定（GATT）①在乌拉圭回合谈判中确定了牛肉、橙子的进出口自由化，我看不到迄今为止市场、农协农业经营的前景，对自己的未来也感到绝望。

---

① 关贸总协定（GATT）：一般指关税及贸易总协定（General Agreement on Tariffs and Trade），意在通过削减关税和其他贸易壁垒，来消除国际贸易中的差别待遇，促进国际贸易自由化，扩大世界范围内商品的生产和流通。

创业初期的泽浦农园

现在的蔬菜俱乐部、桑格蕾丝

现在回过头来看，蒟蒻市场在 1984 年到 1987 年间曾达到鼎盛。当时蒟蒻单价达到历史最高，也有几户人家乘着这股东风资产上亿，房子、车子更新换代，夜晚的小吃街也是人声鼎沸。但在当时，我家还在种植着一种产量较低的本地蒟蒻芋头，因此并没有从当时的高价行情中获利。在蒟蒻市场最繁荣的时候，我家是用种植"本地芋头"的微薄收益，去购买高产量的种子，将之前种的产量低的品种逐渐替换掉。

然后，当我家终于完成了用高产量品种替换掉原来低产量品种、迎来产量最高峰的时候，市场行情却遭遇了暴跌。高价时期一袋 23000 日元的蒟蒻芋头，却跌到了一袋只有 1700 日元的超低价。为了支付税款而向农业协会提出的贷款请求也被拒绝，一直以来交往频繁的人也不再光顾，一时之间失去了对人的信任。

每当有农家人聚在一起的时候，政府的行政人员、学校的老师、集市的人们都会劝我们这些农业继承者："如果还是坚持干这行儿的话，要十年之后才能有起色。"经历过已经发生的种种，我明白这些话毫无根据。我深刻意识到，只是老老实实听老农家人的话，规规矩矩地照着他们所说的做，并不能一帆风顺、有所成就。

那时我 25 岁，对自己的前途感到迷茫。但是，在当时的情况下，我也不知为何茅塞顿开，冥冥之中开始感觉到，即便现在是混乱迷茫的，但未来却一定是光明的。因此下定决心，不如借此机会，将蒟蒻市场暴跌所导致的经营管理危机转化为除旧出新的契机，将一直以来束缚我的那些陈旧的规矩、障碍，农业就该怎样的教条守则全部废除，一鼓作气开始自由地进行农业经营管理。

明明是为了务农努力完成农业高中的学业，因为热爱才将其作为职业的开端，却因为不知名的某某的话，而受困于世俗的条条框框之中，我无法忍受背负着失败的责任，被指责"是的，完蛋了。卖了地，抓紧收拾烂摊子吧"。"依我自己的所思所想去做，我自己来背负责任，那样要是再不行的话我也认了！"带着这样的想法，我横下心，决定从自己家开始对农业经营进行改革。

▶ 全部革新，从零开始

首先，迫在眉睫的就是要将之前税款的追缴罚金补上。当时没能从农业协会申请到贷款，之后税务局的工作人员也给我介绍过一些年利息超过 10% 的放贷机构，但要是真依赖这些的话，就完蛋了。虽然父亲从亲戚那里借来钱，也只够交税款，当年的肥料钱和欠款全都靠同行和农协的帮助，才勉勉强强支撑着我们继续从事农业。

在那样的状况下，还要保证每天都有收入。当时，手头只有蒟蒻芋头，要是将这些蒟蒻芋头制作成魔芋板卖的话，或许行得通。

我回忆起来，来我们家做客的人时常会说"农民自己用生芋头做出来的魔芋很好吃"。我们家一直觉得市面上卖的魔芋不好吃所以都不怎么吃。但一想到可能有市场，就也跃跃欲试。

我独自经营的养猪事业，也因为市场实现牛肉的自由化而变得前途渺茫。因此我决定整理归纳一下养猪的思路，将养猪那边的周转资金作为蒟蒻制品加工工作的启动金。然后，把父母的农田耕种事业和我的管理经营进行整合，高中时学过农业簿记①的我负责经营和蒟蒻制品的加工制造销售，父母则负责农田的耕作。

现在回想起来，当时能下定决心进行这些经营管理内容的整合，也是因为蒟蒻市场的暴跌和正赶上税务部门的税收工作的调查。如果当时的经营状况一帆风顺的话，也就没有我如今的经营管理方式了。人们常说塞翁失马焉知非福，我当时的确对税务部门心怀憎恨，但如今却也心怀感激。

---

① 簿记：记录并计算财产，企业资本的增减和变化方式。分为单式和复式两种，有商业簿记、工业簿记、银行簿记、农业簿记和官厅簿记等。

2. 农户只种菜不行！——挤入食品加工行业

▶ 和市场价说拜拜

一般来说，蒟蒻芋头是不能直接吃的，种植户会将蒟蒻卖给当地的中间商或是农业协会。蒟蒻原料批发商会从中间商或者农协那里买入蒟蒻，然后加工成被称作"精粉"的蒟蒻粉末。这样一来就能长久保存，不论何时何地都能轻松加工成魔芋。

因为蒟蒻芋头的产季是 10 月下旬到 12 月下旬两个月左右的时间，批发商为了能保证魔芋一年的供给量，就必须将蒟蒻芋头加工成精粉进行保存。因为要在短时间内确保整年的供给量，所以和粮食市场一样，根据当年的产量和行市的涨落，价格也会产生比较大的变动。产量低的话就会导致原材料不足，那么水涨船高价格自然也就上涨；但要是产量高的话就完全反过来，原材料过剩，价格就走低。

和蔬菜一样，如果具有竞争关系的产地发生了什么自然灾害，风不调雨不顺导致产量低，市场供应不足，价格就会走高。乘着东风，一下子飞黄腾达的农户也是有的。但是反过来，大丰收导致市场有剩余，多出来的货物找不到买家，连包装费用和运输费用都赚不回来的情况并不在少数。发货之后，反而要向农协支付相关费用的情况也不是没有。供应过剩的话，就会变成"白给都不要的"状况。

当时，也有很多人沉溺于市场的变化走势。但我因为这种行情的变化遭受过重创，所以一直在思考如何才能让自己生产的东西，由自己来决定价格呢？

▶ 能进入到加工业得益于很多人的帮助

那时候经营管理都面临困境，我没有多少可以好好思考的时间。因为每天都要赚钱，就决定将现有的蒟蒻芋头制作成手工蒟蒻的成品。而那时候恰好有可以学习加工蒟蒻的机会。

市场大跌的前一年，我在出席一个叫作"农业青年俱乐部"组织的全国大会的时候，认识了一位在广岛一边种植蒟蒻一边加工蒟蒻的农民。我想起了他，就前去拜访并进行了一场四天三夜的学习活动。

到了之后，我发现那是一个非常气派、年收入相当可观的工厂，心里不由得产生"我也想做到这样"的想法。但与此同时，"太大了，是不是不太可能呢""我是否具备这样的销售能力呢"，这样充斥着不安的想法也涌上心头。

但那位朋友关于加工业开端的话语，给了我莫大的勇气。"最开始我也是亲手制作魔芋，从山上带到市场去卖的。那是一切的开端，随后才一点点做大的……"

原来这位朋友开始时也和我一样，踏踏实实一点一点才慢慢将事业壮大的。最初看到气派的工厂，我觉得那仿佛是云上之物一般遥远，说实在的我心中一直惴惴不安，怀疑自己的能力。但他这样的一番话，却将云端之梦转化成了我的自信。

之后我回到了群马。最开始我们就是用母亲陪嫁的锅和家庭用的搅拌机起步的：用 5 台搅拌机将蒟蒻芋头搅碎，加入凝固剂，用手揉圆后再用锅煮，亲手制作魔芋。

最开始，我们将做好的魔芋放在木工朋友参加的生活俱乐部、生协的活动上展出销售。随后，生协里面那些素不相识的家庭主妇们也会给我们介绍其他客人。往往熬夜制作好的魔芋第二天瞬间就销售一空。

在稍稍感觉还不错的时候，又收到了很多人的鼓励：将魔芋批发给高中时期社团活动的前辈带来的苹果园观光团，销售给在尾濑经营民宿的朋友介绍的物产店。慢慢地附近的人也开始给我介绍物产店和超市，此时我勉勉强强觉得能够自己定价的农业活动总算开始了。

农作物本身的价格是由市场决定的，但加工成食品的话，价格就是由制造商来决定了，事到如今我才终于明白这个道理。

▶ 手工制造的魔芋经口碑、推广开始流行开来

我们每个周末都会行驶 200 公里左右到处送货，慢慢地也开始一点点地获得了客人的回购。在当时，没有多少魔芋是从蒟蒻芋头直接加工而成的，因此客人的反馈都非常好。得益于口碑和店里常客的介绍，慢慢地销售区域从当地扩大到了高崎、东京，最后覆盖了整个日本。

等我反应过来的时候，发现最初销售魔芋的那一年，销售额就已经达到了 700 万日元。那一年同时还在干着农活儿，但

送货的行驶距离竟然达到了 4 万公里。

　　开始进行蒟蒻加工之后，就变得可以以一个不受市场影响、相对稳定的价格来销售魔芋了。农作物的丰收与否会影响价格走势，若依赖于此的话就无法实现稳定的农业经营。我的经营模式之所以能够发生巨大的转变主要基于两点：一点就是将不稳定的蒟蒻芋头价格，通过制成成品来使价格稳定；另一点就是因为得到很多伙伴的支持，才实现了成品的销售。

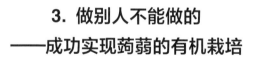

3. 做别人不能做的
——成功实现蒟蒻的有机栽培

▶ 因为买家的一句话开始挑战无农药栽培

　　开始蒟蒻的加工工作之后，就被介绍给当地的物产店、超市、小生协（现生活俱乐部生协/群马）、守护大地①协会等各种地方，也被介绍给当时快速发展的天然有机食品的配送商。去和他们商务洽谈的时候，被问道："种植蒟蒻使用了很多农药吧，不用农药的话是不是不行啊？"

　　最近这段时间，蒟蒻的品鉴会上设置了"环境奖"，大力宣扬减少农药的栽培活动。但在当时（1990 年），蒟蒻种植过程中大量使用农药，无农药栽培几乎是不可能的。据我所知，以销售为目的而从事蒟蒻种植的人当中，是没有人不用农药的。但我心里面有能做到的把握，立刻回答道："不用农药也没问题的！"当然，虽然我还没有进行无农药种植，但也并非信口雌黄。一方面，我非常清楚，当时种植的"赤城大玉"这个品种抗病性增强，农药使用量在减少。另一方面，父亲在以有机肥料为主进行栽培这件事我是清楚的，因此觉得无农药种植也是

――――――――――

　　① 原文为"大地を守る会"，是进行一般蔬菜、有机蔬菜等销售、配送的网站。

可能实现的。"满足客户的需求"是市场的基本准则,但当时的我并没有掌握这样的常识,我只是单纯地想要挑战一下自我,觉得要是能做到无农药栽培的话,可以以此与对方进行交易谈判。

回来之后,我详细地和父亲探讨了一下无农药种植的可能性。一般来说,都会对薯种进行消毒处理,但我们可以用一种古老的方式替换掉消毒这一环节。冬季储存期间都会烧柴供暖,我们用烧柴的烟来熏薯种的方式进行消毒。此外,我们用杂草落叶等腐烂发酵后变成的天然肥料制成土地表层,规避了对土地进行消毒的环节。而且,我们还对整片土地采用地膜覆盖法①,铺上了农业专用的覆盖膜来预防杂草的生长,如此一来,除草剂也不需要了。就这样,用一些不依靠农药的技术置换一些依赖于农药的环节,将可能发生的风险一个一个击破,第二年,无农药种植成功了。

▶ 阻碍农业改革的壁垒不是技术,而是心态!

说时迟那时快,我马上就告诉了当时那位配货商。对方也喜出望外,于是如先前所约定的那样开始了生意往来。2000 年日本有机农业管理标准法颁布实施,蒟蒻的无农药种植获得了日本有机自然食品协会(JONA)的有机认证,赢得了广大消费者的青睐。

---

① 地膜覆盖法:也称护根法,即用稻草或塑料薄膜等覆盖植物根部的土壤表面,由此来控制水分蒸发、泥土流失等。

现在回过头来看，在推进蒟蒻无农药种植的过程中，种植技术并不存在多大的障碍，反而是同行出于善意的提醒才给这个过程造成了不小的影响。

"不撒农药的话，蒟蒻就完了啊！"

"不杀菌消毒的话，蒟蒻会生病的啊！"

蒟蒻农户们的担忧，引起了我们的不安，造成了我们家庭内部的混乱。在家人交流的过程中，不安的情绪不断攀升。饭桌上，也不停说着"别搞了""放弃吧"，家人都变得焦躁不安。这种情况往往会持续到成功之前。

比起无农药种植所面临的技术上的问题，如何解决好家庭内部的矛盾所导致的心理上的问题，才是真正的难题。

▶ 用无法模仿来实现价值竞争

蒟蒻的无农药种植成功，在同行中引起了极大的反响。蒟蒻芋头的中间商们拍摄下农田的样子，宣传推广到了很多地方，许多同行也都了解到我们实现了蒟蒻无农药种植的事情。由此，我们的无农药种植蒟蒻芋头不仅用于自家的成品加工制造，三重县的蒟蒻制造加工商和大型批发商也对我们无农药种植的蒟蒻芋头产生了需求。

此外，不仅是自己的公司，我们还向其他的生产者公开了蒟蒻芋头的无农药种植技术，使无农药种植在生产者中得到推广，促成了致力于有机蒟蒻培养的"赤城自然栽培协会"的设立。在这之后，这种（无农药的）培育模式成了日本有机农业管理标准法所设立的有机蒟蒻认证的开端，有机蒟蒻的培育无疑提高了我们的价格竞争力。由一户农家开启的小规模无农药培育模式被当地广泛应用,现如今既能将有机蒟蒻作为原料向"绿色生活"供货,又能以稳定的价格作为商品进行供给。

即便是现在,技术问题仍然需要在有机栽培过程中反复试验、不断摸索。虽然那些入门简单、便于模仿的事情也能产生价格竞争,但是"无法模仿"本身就会成为价格竞争点。我自己尝过因为价格竞争而最终招致失败的苦果,通过有机蒟蒻培育,我更深刻认识到价值竞争的重要性和它的前景。不去模仿他人,而去满足客人"想要无农药的蒟蒻"的需求,从而开发出全新的产品,以此确立绿色生活的经营理念。

这样一来,有机蔬菜的种植和销售也就打开了市场。

4. 为什么很多农户不进行直销？
——成立蔬菜俱乐部

▶ 一次的成功就是在召唤下一次的机会

蒟蒻的无农药种植成功之后，我们开始和 Radish Boya① 合作。1991 年对方负责人在合作前对农田进行了实地考察。在见到无农药的蒟蒻地后，对方负责人对我们的蔬菜地也非常感兴趣，他惊讶于我们竟然能对如此广袤的蔬菜地进行如此细致的管理。

"蒟蒻能不用农药的话，蔬菜是不是也可以无农药化呢？"对方负责人如此问道。

"有的农作物是可以的。"

实际上，春季的萝卜和生菜、菠菜等是可以实现无农药化的。Radish Boya 当时处在蓬勃发展过程中，在寻找蔬菜直接供应商的同时，也在寻找进行蔬菜无农药种植的产地。恰好这样的机遇，让我们实现了直接供应的合作。几次见面后，我认识到依靠个人的力量是无法保证蔬菜供应量的，因此决定招募合伙人。可我总觉得将一个地方的人聚在一起有点儿怪怪的，邻里街坊在生活方面相互照应固然重要，但每个人都会有自己的

———————————

① 从事无农药/低农药有机蔬菜销售、配送的网站。

想法。我认为，做农业，还是需要志同道合的伙伴。

▶ 同谋者少才是成功的关键

我马上和十多个同样从事农业的同学和前辈打了个招呼，叫来了らでぃっしゅぼーや的负责人开了个说明会。虽然我提前打了招呼说"大家都来啊"，但当天除了我之外，只来了林、竹内和宫田三个二十几岁的年轻人。

我非常焦虑。但也只能拿"来的都是值得信任的伙伴"这样的借口来说服自己。日后，这个"借口"却成了蔬菜俱乐部的宗旨。事到如今，我倒是把当时没能召集很多人这点看开了。但在当时我实在是想不通，为什么他们不想做直接的供应商呢？明明是这么好的机会啊！

之后也听到了各种各样的说法，诸如"别人会怎么看待我呢？""无农药种植这事本来就不靠谱""父母还在做传统的农活儿呢"。此外，也有一些人是正在进行其他的农业经营而没有什么危机感，所以没来参与。

与此相对的，来的这三个人都是因为陷入了目前农业方式的困境中。也就是说，比起其他人，我们这四个人更迫切地需要进行农业经营模式的变革，我们的危机感更强，开辟新天地对我们来说迫在眉睫。

其中，宫田因为已经与其他人一起进行着无农药种植的合作，再参与我们总觉得有种"脚踏两条船"的感觉，心里面过意不去，所以最终就是我和林、竹内三个人。现在想想，要是当初 10 个人一起开始的话，就必须听取各种各样的意见，无法产生核心的经营理念和运营方法，那也就无法形成现在的组织结构了。

这就是蔬菜俱乐部的起点。如今，在群马、青森、静冈、岛根从事农业活动的生产者和生产法人有五六家都加入了蔬菜俱乐部，他们主要将种植的蔬菜销往全国各地的餐饮店、生协、超市、加工制造商等。不止于此，还将事业规模扩大到了机械的租赁、肥料的合购、具有创业规划的人才培养、创业之后的资金支持和销售支持、辅助生产者融入生产的技术交流和开发、生产过程的管理、青森和静冈的农场建造计划的支持，甚至还将业务拓展到了消费者管理宣传、丰收季活动运行等。追根溯源，蔬菜俱乐部就是从这些事情一一开始做起的。

▶ 就算没钱，有时间的话，也总会有办法

直销刚刚起步的时候，我们三个人经常聊到深夜。虽然没什么钱，但时间却多的是。将来的农业方式、管理组织的方式、理想，送完货三个人一碰面，聊这些事情就能一直聊到半夜。有时候，因为供货量比较少，物流会说"不够一件货"而拒绝为我们送货，然后我们就自己开着货车把货送到东京去。在车上，三个人也会关于将来聊得热火朝天。

现在我们有 100 多个伙伴一起举办忘年会、祛暑活动之类的，但当时只有三个人一边开着小小的烤肉聚会，一边畅聊梦想。从未因为没钱而叹息，更多的是因为有非常多见面聊天的时间而感到快乐。如今，我依然觉得时间才是真正的财富。

▶ 制造商认为的便宜和店家认为的便宜是不同的

"既然是农民的话那么蔬菜也有种吧，反正每周都要来送货，那就把蔬菜也带过来呗。"

每周周二和周五配送魔芋的时候，群马县箕乡町丸冈超市的老板都会这么向我订购蔬菜。

明明很久以前就想自己的蔬菜自己来定价，但真到这个时候，却苦恼于无法定好价。因为一直以来都习惯了别人定好价格，自己只负责抱怨。

我犹豫了很久，最后定了一个明年也能继续供货的"可持续发展"的价格。也就是说，无论市场价攀高还是走低，价格都不会变。因此，虽然当时定的价格略高于市场价格，但我也试着和丸冈老板商量看看。

"这个价格就可以吗？那从下周开始就拜托你啦。"

丸冈老板爽快地答应了。幸运的是，在中间商大亨们都在高呼"价格破坏①"的时候，这位丸冈老板对相对价格并不在意，反而更加重视东西本身的绝对价格。那个时候我就注意到，我们农家人所认为的市场上的价格概念和店家所认为的价格概念是不同的。

蔬菜的直销就这样开始了。在不断的摸索过程中，有时也

---

① 价格破坏：日本"泡沫经济"破灭后，受到其影响及日本经济发展的不景气，导致日本国内很多商品的销售价格都大幅回落，甚至低于商品价格原有价格体系和价格水平，将这种现象称为"价格破坏"。

会出现因为缺货而半夜收割的情况，而因可以与需求方直接对话，农业的管理方式不久就产生了巨大的变化。我想，正是因为按照客户教给我们的那样去做，才有了我们现在的成就吧。

5. 真空冷却机的开发将生菜推向冲绳市场
——蔬菜的广泛流通

▶ 保持食品新鲜度，最基本的设施必不可少

1996 年，由 17 名农户出资将蔬菜俱乐部变成了股份有限公司。1998 年，开始招聘梦寐以求的正式员工，蔬菜的销售地也在稳定的发展扩大中。与此同时，团队伙伴也由起初的 3 个人发展到了 7 个人，再之后增加到了 27 个人。

而且从 1996 年开始，我们开始向莫斯汉堡食品服务有限公司供应蔬菜。当时，在莫斯公司众多的供货商中，我们的规模和产地都是最小的，我们甚至没有自己的仓库。但之后，其他供货商都和莫斯公司的订单不太匹配，因为他们的合作终止，我们和莫斯公司之间的贸易往来就慢慢增多了。

就在那时，莫斯公司向我们提出了"为冲绳和九州地区供应生菜"的请求。

即便当时我们采用冷藏设备向冲绳运送生菜，但还是因为商品腐烂收到了大量的投诉。

为了能够满足这样的需求，就只能导入真空冷却机。想要保证远距离运输的新鲜度，还是需要最基础的设施的。要是没有的话，就无法满足客户的需求，也就无法拓展今后的贸易领域。因此，我们产生了若是一直没有作为的话，好不容易到手

的生意也会搞砸的危机感。

▶ 太贵买不起的话，就自己来做吧

多方研究之后，专业制造商的真空冷却机都是有补助金补贴的，没有补助金的价格对我们来说可望而不可即。像我们这样没有补助金的机构去咨询，制造商都不会搭理我们的。

从我们的投资金额来看，购入专业制造商的真空冷却机属于痴人说梦，因此我们决定自己来开发研制。虽然要自己动手做，但我们除了"气压越低沸点越低"之外一无所知。但为了满足客人的需求，我们又必须导入真空冷却机，也就只能硬着头皮做下去。

作出独自进行开发研制的决定很轻松，但从那天开始，我就烦恼不断。

我尝试着看一些讲真空原理的专业书籍，但最开始连结构和内容都看不懂。总之，就只能是反复阅读，一边观察周围的真空冷却机，一边向专业的人请教。

之后，请关系不错的铁工厂制作了外箱，从零件制造商那里购买了零件，历经千辛万苦终于到了组装的阶段，打算在1999 年的春天彻底完工。开始组装的那一个月，我越来越不安。

"要是失败的话，投资的 1000 万日元就打水漂了，这钱可是决定了公司命运的。而且客户们也都知道了，要是搞砸的话，对公司的信用来说也是巨大打击。而且那些辞掉原有工作来我们这儿的员工们，他们之后可怎么办呢？"

不安的情绪在我的心底波涛汹涌。完工前的一周，我上厕所都是排血便，甚至还出现了失禁的症状，自己也明白身体状况产生了变化。

▶ 组装完成了，冷却机却升温？

1999 年 5 月，真空冷却机终于完工了。将一箱生菜放到真空冷却机里，打开开关进行试运行。电动机开始工作，气压稳步下降，就在蔬菜的温度也应该下降的时候，插到蔬菜中的温度计却显示温度升高。

一瞬间，现场的气氛都凝结了。"所有的辛苦都白费了……"我大脑一片混乱，脸完全僵住了。

几分钟之后，在大家屏气凝神的等待中，温度计突然开始下降，原本 20 摄氏度的生菜在 30 分钟内就下降到了 4 摄氏度。终于放下心来，我看向周围，却发现只有我和电工在，我们在泪光盈盈中彼此安慰。之后听说，其他人都在别的地方偷偷哭呢。

就这样，在我们独自开发了真空冷却机之后，也顺利如约实现了向冲绳和九州等地区的生菜配送。

真空冷却机的存在，使蔬菜的新鲜度得到保证，这也是下一步扩大销售规模的铺垫。获得了来自客人的信赖和高度评价之后，销售规模也不断扩大，第二年我们开始向首都圈的COOP①（现在的 PalSystem）供货。如今，开发真空冷却机的故

---

① 连锁超市名。

公司自主开发研制的真空冷却机

事每次都会出现在莫斯汉堡食品服务有限公司的员工实习培训的课堂上。

　　有趣的是，之前我身体出现的异常，也都在真空冷却机组装成功后彻底消失了。

6. 第一个正式员工的录用及向负责人的晋升
——家人之外人才的录用及建立伙伴关系

▶ 3K^① 的农业也是有人想认真做的!

刚开始加工蒟蒻的时候，田里的活儿和工厂的工作重叠在一起变得非常忙。特别是蒟蒻芋头的丰收季，只靠家里人的话是忙不过来的。

我试着找一些帮手，但一听说是农活儿就都拒绝了。当时日本社会还处在"泡沫经济"的残影中，即便我刊登了一些招聘广告，但也招不到人来兼职。在当时，农业是所谓的"3K"产业，大家都敬而远之，认为并不是什么体面的工作。现在做着美甲的女生去做农活儿都成了一种潮流，但这在当时是想都不敢想的。

后来经熟人介绍，终于在 1991 年招进了我们第一个兼职员工小原。但到了秋天丰收的时候人手仍然不足，于是招了一些在尾濑的山间中转站工作的城里的年轻人帮忙，开始了特定季节雇佣的形式。

之前在田里工作的主要都是年纪大的人，年轻人都是一些

---

① 日语中用来形容农业的三个词，即"きつい（辛苦）""きたない（脏）""きけん（危险）"发音都是以"K"为开头，因此简称为"3K"。

"农二代"。但我的田里有年轻男女一起工作，显得很有活力。农村人对干农活儿抱着一种消极的态度，但让人惊讶的是，城里的年轻人却完全没有那种情绪，只是单纯地将其视为一份工作。

看到在田里挥汗如雨拼命干活儿的我和同龄人们，我就开始想："在日本一定是有人真心喜欢农业的！那样的话，我想和这些真正想做农业的人一起做下去！"如今，在昭和村的田地里，年轻的员工干农活儿已经是很普遍的事情了，但在当时却极为罕见。

▶ 和想做的人一起工作的话，就一定会成功

1994 年 3 月，我将家里一直经营的泽浦农园更名为"绿色生活有限公司"，员工包括小原在内也有几个人了。要想将农业作为一份普通工作、打造出一个令员工引以为傲的工作环境，就必须是以一个公司的名义。之所以没有把我个人的名字放到公司名里也是因为我觉得这个公司是大家一起做起来的。

那是某一个晚上。平时在山间中转站工作，一到秋天蒟蒻收获的季节就来帮忙的横滨人君田来到我家。好久没一起喝酒了，就一边喝着酒一边聊着一些工作上的事情。夜更深一些，我父亲也加入到我们当中，君田突然端坐起来说道："请让我和你们一起在新创立的公司里工作吧！"

当时，我妹妹也刚从信用合作社辞职加入到我们的公司里来，没有再雇用其他人的空间了。而且，公司本来就是刚刚成立，还没有能力支付工资。将这些情况传达给君田后，他说：

"给我吃的就行，我不需要工资。看我做的怎么样，做得好再给就好。"这样一来，我们也就没了拒绝的理由。就这样，我的父母、我的妹妹、小原、君田、当时作为兼职进到公司的现股长熊田，以及另外几个兼职员工，我们一起开始了公司的新阶段。

最开始进到公司的兼职员工小原后来成为"绿色生活"的正式员工，从腌菜工厂的厂长到股东厂长，在自己的岗位上充分发挥着自己的能力。君田从魔芋工厂的厂长成为股东，如今担任着公司的二把手。蔬菜俱乐部那边也是，1998 年招聘的毛利现在是专务董事事业总部部长，负责一线的工作，打造了如今的蔬菜俱乐部。一直生产番茄的"桑格蕾丝"的社长和农场长也都是一群秉持着"打造幸福番茄"理念的人。其他的部长、科长也都是亲戚之外的人一点点成长起来的。

最开始，招聘这些人的时候我还在担心："真的能担负起招聘他们的责任吗？招的这些人真的能开心地干农活儿吗？"但现在大家都发挥着自己的所长，支撑起了如今的公司。将"公司是每位员工的"这种理念慢慢渗透下去，给予家人之外的人职务和权利，就打造出了一个每个人都能实现自我成长的环境。创业初期，家人之间的牵绊固然重要，但将其他人也带入到这样的牵绊中，将会成为一股巨大的力量。

7. 通过外行农户的培养确立了生菜的整年发货机制——"因地制宜"制度

▶ 直面蔬菜稳定供给难题

真空冷却机完成后就实现了蔬菜远程保鲜运输，供货地区覆盖了全国。与此同时，加入到蔬菜俱乐部的生菜生产商（农户们）也在增加，产量也在大幅提高。但或许也有全球气候变暖的影响，适宜蔬菜种植的季节发生了变化。在昭和村，即便在春季能收获大量生菜，但从夏天到秋天，受到长时间降雨的影响，产量却锐减不如从前。

发货之后，我们会和客户一起开供货反思会。在会上，客户提出了"夏天也要麻烦蔬菜俱乐部的各位，请一定要持续稳定地向我们供货"。

为此，我们在技术上采取了很多的应对措施。第二年又继续办了反思会，和客户进行沟通，然后在技术层面上进行改革。当时一位客户的话对我来说宛如醍醐灌顶：

"蔬菜俱乐部是一个公司呢。每一个农民都在努力着，但作为一个公司、组织，你们又在做着什么样的努力呢？"

这些话像刺一样扎在我的心口，让我深刻反省自己作为一个社长却没有做什么工作。

如何实现稳定供给呢？因为我们坚决反对从合作伙伴以外

的地方采购蔬菜来凑订单数，因此要解决这个问题并不简单。但我开始意识到，是否需要回归到"因地制宜"这一农业的基本原则呢？

▶ 如何回应想独立出去自己创业的请求呢？

大概就是同一时期，在"绿色生活"工作了三年时间的一个年轻人提出了辞职，理由是想自己出去单干。某个地方的农村有对创业进行支持的政策：只要在村子定居的话，村子给出了"土地是免费的，提供住的地方，我们还会给补贴"的优惠条件。因此他想利用这项政策创业。

我认可那个年轻人的业务能力，但也向他说明了农业不只是靠业务能力，还需要金钱和销售等一些经营上必需的东西。和他谈了谈农业的普遍现状，劝他不要出去独立创业。在农业中，销售是立命之本，我建议他要是想自己单干的话，哪怕只是销售这个部分还和我们一起做。 但他全盘拒绝了，还是决定自己从头开始。

一年后，他回来看我。本以为他会精力充沛地在奋斗，但结果却不是。"已经不做了。一年赔了80万日元，根本就不是政府工作人员说的那样。"

我口气强硬地说道："我说过的吧，农业的话一年根本出不来什么成果。"但其实心里也对那些根本不懂农业经营却在搞着什么创业支持政策的政府工作人员感到愤怒。绝不能仅仅将希望寄托于政府的扶持政策上。

我也考虑过：就不能凭借自己的力量，好好培养那些真正想做农业的人，然后让他们自己出去独立创业吗？当时，"外行人做农业根本不可能"这种想法还是比较普遍的，蔬菜俱乐部的农民们也对外行人做农业这件事半信半疑。

▶ 用全新主张开创独立支持制度

"稳定供给""独立"两个南辕北辙的概念，但它们和"因地制宜"这个关键词一直浮现在我的脑海中。思前想后，我将它们融合到一起，那就是，自己亲自培养这些想做农业的人，将自己无法照顾到的盛夏时期的栽培土地，给他们去种植生菜。

精炼了计划，描绘了具体的蓝图，在 1999 年举办的新农业人展会（农业合作公司说明会）上，我遇见了一个从非洲回来的叫作山田的年轻人。他对这个计划非常感兴趣，开始在我们那里接受培训实习。

一年的实习结束后，山田在群马开始以农业生产法人的身份独立出去。实习所在地的宫田德彦农场对他也有技术支持，独立出去一年之后就开始赢利。第二年，他搬到了作为夏季高原蔬菜①产地的青森县黑石市，正式开始从事青森地区生菜的生产工作。黑石市市长、平贺街的有机农户故原田、常磐养鸡的石泽以及当地的农民们、助手们，还有像葛西和成田这样给予理解和支持的人们，山田正是在这些人的帮助下开了一个好头。

---

①　高原蔬菜：在寒冷的高原地带栽培的卷心菜、白菜等蔬菜的总称。多为大规模栽培的优质蔬菜。

▶ 外行农户的培养确保了生菜的整年供应

山田的成功，使我确信即便是外行也能搞好农业。之后我就开始招募一些想从事农业的人，对他们进行实习培训。他们如今也在青森、静冈、群马等地从事着农耕工作。2009 年，已经有五个人出去独立创业，有一个人作为公司员工活跃在工作岗位。还有其他三个外行以独立创业为目标，正在接受着蔬菜俱乐部的生产者们的培训。

这些外行农户立志从蔬菜俱乐部中独立出去，和我们拥有着同样的理念，将只靠我们自己无法完成的盛夏时期生菜的稳定供给变成了可能。之后，我们在静冈县菊川市实现了冬季的生菜种植。

这样的形式，使我们一整年都能稳定供应"蔬菜俱乐部品牌"的生菜。同样的理念和思想生产出来的生菜，通过一整年的稳定供应更好地回应了客户的需求和期待。

8. 向农业投资的人
——来自投资公司的出资

▶ 为了优质产品，设备上的投资必不可少

魔芋的销售额大幅提高，新建一个能够进行卫生管理的工厂也被提上日程。为此，1998 年我们新建了蒟蒻加工工厂，并向农林渔业金融机构（现为日本政策金融机构）贷了全款。当时正好赶上轰动全日本的"O-157 大肠杆菌中毒事件①"，新建工厂迫在眉睫。

搬到了新的蒟蒻加工工厂之后，我们对旧工厂进行了改建，让旧工厂正式投入到腌菜加工的使用中。自那之后，腌菜的生产加工也逐步发展，2002 年销售额超过 1 亿日元。

在技术不断积累的过程中我们了解到，温湿度管理对于无防腐剂、无氨基酸的加工方法而言是多么重要，但当时的工厂是无法做到这样严格的管理的。为了制造出品质更高的商品，同时改善工人的工作环境，我又开始想要建一个新的工厂，当然，我同样感受到了未来腌菜市场对于无添加剂商品的需求。

---

① 1996 年，日本多所小学发生了集体食物中毒事件，且最终患者多达 9000 余人，并造成多人死亡，后被认定由"O-157"大肠杆菌所引起。

▶ 投资的是志向和事业规划

但是，这和建造蒟蒻工厂时的环境完全不同。在建造蒟蒻新工厂之前，蒟蒻已经处于热销的状态了，考虑到今后的卫生管理情况，建造能够进行卫生管理的新工厂是唯一的选择。但腌菜工厂不一样，我们刚刚开始销售腌菜，对于今后的商品和顾客发展还一无所知，进行的都是风险投资，自然就会觉得贷款建厂有风险。

咨询了一下执行会计师和其他人，我们还是决定"用自己的资金来建设工厂吧"。

为此我们也拜访了一些证券公司，查阅了一些优先股公司和无表决权的公司，还找了一些直接进行资金筹措的方法，但在当时无论哪种方式都被告知"没有以中小企业的形式实行优先股的先例"，而理由也不得而知。

就这样，在 2002 年听闻农业商务投资扶植公司成立的消息时，我们立马与创办策划的负责人取得联系，向其说明了我们的核心理念以及到目前为止所取得的成绩和未来的规划。第二年他们就决定认购我们 5000 万日元的股票。与此同时，我们还设立了公司内部股票认购，公司职员、负责人、普通的客户们以股票认购的方式为我们出资 1.1 亿日元。2003 年 11 月，我们建成了能够有效进行温湿度、卫生管理的腌菜生产工厂。

虽然将无添加剂的腌菜推广给客人这一过程比预想中花费了更多的时间，但因为彻底实现了温湿度管理，品质得到了提高，价格变得更加实惠，再加上和生协进行了私人品牌的开

通过资本调配建立的腌菜工厂

发，客人的数量也是稳步地增加。

　　正是有了农业商务投资扶植公司和与我们志同道合的人们的支持，这次的投资才得以实现。无添加剂的腌菜、国产有机冷冻蔬菜才最终得以问世，让更多的人吃到了国产的农产品。据此，绿色生活公司中萌发的新型加工事业的种子也开始生根发芽。

9. 从零开始的番茄农场

▶ 明明没有完成约定的数量，却还是收获了信任

2004 年，日本遭遇了 10 次台风。6 月，6 号大型台风侵袭了关东地区，我们农场中刚刚建成不久的四栋建筑物全部倒塌，造成了巨大损失。到了秋天，长时间的降雨和再次来袭的台风致使产量锐减，蔬菜价格水涨船高：生菜价格达到一箱 10000 日元，番茄也达到了一盒 5000 日元的高价。同年，还发生了新潟中越地震。

作为蔬菜俱乐部的生产者，我们并没有受市场价格影响，仍是想努力为客人供应蔬菜，虽然产量只达到预计的七成左右，但我们坚持以原定的价格继续供货。对于无法按照约定的数量完成供货，我们只能向对方道歉。

在那一年的反思会上，因为无法实现稳定的供应而给客人造成了困扰，对此我们心情都很沉重。然而，所有客户都对我们表示了感谢，这让我们感到很羞愧。向客人询问后才得知，当生菜的市场价格涨到 10000 日元的时候，很多供货商都提高了他们的供货价格。但因为货源不足，客户也没有办法，只能被迫接受涨价。虽然我们供货量不足，却没有进行价格上的变更，反而收获了客户的信任。

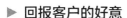

▶ 回报客户的好意

第二年，从初春开始直到秋天蔬菜价格持续走低，但我们的蔬菜却如约销售一空。一问才知道是客户想借此机会，对我们在前一年蔬菜价格暴涨时仍然维持原价还一个人情。这让我们感激万分。不止于此，前一年因为蔬菜价格上涨无法按计划进行收购的莫斯汉堡公司，为了能够保证番茄的持续稳定供应，提出要对我们的农场进行投资。

莫斯汉堡公司是这么想的："只是和农民签订蔬菜采购合同的话，随着温室效应等一系列问题的产生，慢慢也会难以保证稳定的采购。为了能够让合作农户的技术水平充分发挥出来，还是有必要对设备进行最低限度的投资支持的。"

那之后，我们反复和对方负责人商谈，有时候甚至会因为目标有差异而发生口角。但在彼此真诚的意见交换过程中，我们最终确立了核心概念，向国家直采部门申请资金筹措，从农业商务投资扶植公司那边也获得了投资。然后，以番茄生产就能实现利润的成本价添置了相关设备。

实际从事番茄生产的人是非常欣赏番茄整年供货计划的。原蔷薇农场的生产部长杉山、他的同伴，以及一些非常喜欢番茄的大学生们因此聚集一起，准备了大约 1 亿日元的资金，于 2006 年创立了"桑格蕾丝"，开始培育番茄。

最开始的一年，培育状况惨不忍睹。因为都是新设备，大家完全不了解这些设备的脾气秉性。正式员工和兼职员工也都完全不了解工作内容，就会出现设备中湿度过高导致番茄出现

从零开始建立的番茄果园

病害，或是浇水设备不工作而致使农作物枯萎，培育工作变得
十分被动。病害频发，最终产量连预期的一半都没有达到。

　　进入到第二年的耕种环节，我们充分发挥出了对前一年进
行反思的价值，完成了接近目标产量的计划。到了第二年的后
半段，甚至有个别月份实现了单月盈利。

　　技术获得提高、掌握了设备的使用方法、实现了湿度的控
制，最初设定的稳定供应的目标得以完成。2009 年 2 月，受到
长期降雨的影响，很多地方都因为病害导致番茄产量供应不
足，"桑格蕾丝"却能够保证稳定供应，这令我们的客户喜出
望外。

准则一

为了作为先行者创造利润，学习成功者身上共通的秘诀

1. "以农业创业成功"是指什么？

▶ 靠农业获得成功是有窍门儿和秘诀的

20 年前我刚开始从事农业的时候，不管是从制度体系上，还是从社会常识上来看，不是农民出身的人去从事农业都是比较困难的。而且作为"3K 产业"，农业一直都遭人嫌弃，在当时从事其他行业更容易彰显社会地位。

现在，不是农民出身的人将农业作为自己的职业，或是给人打工，或是自己独立单干都成了可能。我觉得这是一件大好事，我 20 年前就期盼的时代来临了。我很欣喜在其他发达国家随心去做农民这件事，终于也在日本成为现实。

但是，能否依靠农业获得成功就要另当别论了。就好像即便是怀揣着成为棒球队员、成为全队的英雄的梦想，但真能做到的只有那些能力出众的人。农业也是如此。想靠农业获得成功，是有窍门儿和秘诀的，那些成功者身上是有着共同的思考方式和行动方式的。

▶ 成功的定义因人的目标而变化

成功的定义因人而异。各人的价值观不同，目的和目标也不同。我觉得每个人具有各自的特色这一点很好。

有人认为退休之后一边领着退休金一边耕田，在乡村悠闲地生活是一种幸福，我觉得这是一种成功。而一边做着自己如今的工作，一边又移居到乡村生活从事农业，这种两者兼顾的模式，我觉得也很棒。正式成为农业法人进到公司里面，发挥自己的本领从事农业不失为一种方法；自己独立出去一边享受着乡村生活一边从事农业，当然也是。只要能如你所愿，那就可以说是成功。

有很多从事农业的方式，我个人思考后认为可以依靠农业获得成功的方式如下：

"把农业作为自己的本职工作，结婚拥有家庭，有自己的房子。能让家人幸福地生活，能让孩子充分地接受教育，然后孩子来继承农业。"

作为土生土长的农家人，我觉得农业的成功应该是带着一种持续发展的长远眼光的。对农民来说，务农维持生计属于理所当然，但这种理所当然的可持续性对农业来说却是十分必要的。

▶ 如今需要将农业作为本职工作

"将农业作为本职工作"的意思，就是不能把农业作为兼职，不能只是为了爱好和想在农村生活才来从事农业，而是要具备满足客人需求的能力，具备积极解决社会问题和难题的能力来从事农业。

随着社会发展产生了很多职业，从某种意义上来说，日本的"食文化"变得丰富起来。如今，在便利店随时都能买到便当，这大大提高了人们生活的便利性。在我读初中、高中的时候，一家店能 24 小时营业，半夜随时都能买到东西这种事真是难以想象。

但是，关于"食文化"却有逆流行的地方。本来，明明应该通过"食文化"可持续将食品和物流与农业联系起来，但现实却大相径庭。农民不明确标明可持续生产的价格，却只想着在市场中以高价销售，买家只想着如何能低价购买。相互之间尔虞我诈，毫无相互信任可言。广场协议①签订之后，商家和食品行业均开始进行农产品的进口采购，进口的农产品逐渐增多，我觉得这种尔虞我诈的不信赖关系也是原因之一。

当然，兼职农业和周末农业毫无疑问也是务农的一种方式，但只靠这种方式是无法满足现代社会对食品的所有要求的。因此，我将农业作为我的本职工作，不仅以此为生而且极为珍视，而且我觉得农业领域也蕴藏着很大的机遇。我希望今后想要开始务农的人也应以此为目标。

▶ 靠农业获得可靠的收入

因为是把农业作为自己的本职工作，那么"结婚拥有家

---

① 1985 年，美国与日、德、法、英等国家的相关政府人员达成协议，通过美元贬值来改善美国财政赤字而带来的国际收支不平衡状况，后致使日本陷入"经济泡沫"的危机，最终因"经济泡沫"破碎，而使日本国内的经济陷入长期停滞的状态。因该协议在纽约广场饭店签订，故被称为"广场协议"。

庭，有自己的房子，能让孩子充分地接受教育"就意味着必须通过农业获得生活所需的收入。一旦做得不顺利，就全都是借口：

"为了这个世界从事农业，穷也认了；农业本来就不是什么赚钱的产业，没有办法；因为做农民，就不需要受教育了。"

这些理由可是大错特错。

那是很久之前，我遇到了这样一对夫妇。夫妻二人研究生毕业，有一个孩子，和我商量着想要自己独立出去做有机农业。基于当前的环境问题，我理解他们想做有机农业的想法，但觉得贸然开始的话还是很困难的。

"我觉得一开始就做有机农业的话，无论是技术上还是资金上都不太现实。以适合当地的农业方式先开始，之后再转换成有机农业怎么样？"我接着补充道，"没有什么技术突然开始做的话，就会没有收入，你们之后无法生活的。"

但他们却听不进去。

"你向我们宣传破坏环境的农业方式，这也太奇怪了吧。"

"那如果没钱的话，孩子上学怎么办？"

"就接受义务教育。"

再一问，明明两个人在父母的资助下读到研究生，却说读大学没意义，不会让自己的孩子上大学。我对这两个人的自私感到惊讶，无言以对，就没再和他们多交流。

我认为通过工作获得收入、守护家庭、让孩子接受充分的教育是父母的责任，是成年人的责任。做到这些基本才可以说是靠农业取得成功。

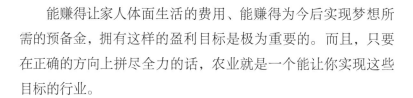

能赚得让家人体面生活的费用、能赚得为今后实现梦想所需的预备金，拥有这样的盈利目标是极为重要的。而且，只要在正确的方向上拼尽全力的话，农业就是一个能让你实现这些目标的行业。

▶ 工作的价值、劳动的价值和金钱一样重要

"让孩子继承农业"意味着想要让自己最亲近的人也从事农业。

和维持生计差不多，"让孩子继承农业"本身是带有"工作价值"和"自豪感"的。当然，必要的收入是工作价值和自豪感的基础，但绝不是只有金钱才能带来意义。对于那些今后想从事农业的人，如果只希望通过金钱来感受工作的意义的话，我觉得还是选一份其他职业会比较好。

那么，农业的劳动价值和工作价值到底是什么？

我们收到过很多客人的信。

"今天收到的蔬菜非常好吃，很感谢你们。今后也请继续努力给我们送好吃的蔬菜哦！"

还有前几天，我们的一名年轻女性员工这样说道："今天我去店里买了一些自己培育的有机菠菜，和朋友一起做了饭。看到大家一起开心地吃着我种的菜，就觉得自己付出的所有辛苦都值了，真是让我喜极而泣。"

像这样，能实际感受到对谁有了帮助，或是因为自己的行为被他人认可而感到开心的时候，就能感受到这份工作的意义所在；迄今为止所有的辛苦付出都转化成喜悦，会为自己感到

自豪。对于农业来说，或许这种感受在某种意义上是超越了金钱所带来的回报的。

在我的农民朋友中，如果父母的农业做得有声有色，那家里面必然后继有人。金钱很重要，但与此同时，金钱以外的工作价值和自豪感则是超越农业本身以外的成功。为此，要做有助于人的事情，要做可以让其他人也参与其中的农业。

依靠农业获得成功意味着，具有专业意识并付出超过常人的努力、追求客户满意度、珍视和伙伴们之间的喜悦、获得可靠的收入、让家人幸福、让孩子接受教育、秉持着农业的工作价值和自豪感教育下一代。我觉得这才是真正的成功，如今正是能靠农业实现这种成功的时代。

2. 个人初入农业和企业进军农业的不同

▶ **企业进军农业的关键是什么？**

如今，以各种各样的形式进入农业领域成了热门话题。特别是企业的加入更是成了焦点。

企业进军农业的优势在于，凭借雄厚的资金在起初就具备完善的机械和生产设备，在原有的人才储备当中，也有更大的概率拥有希望从事农业的员工，可以一边进行技术储备一边精进业务。利用组织的形式，对信息、基础设施、相关功能等加以利用也是企业的优势。特别是与食品相关的企业，可以实现自产自销，在销售方面具有绝对的优势。组织的力量在一开始就能发挥出作用，这就是企业加入的优势。

但是，就企业而言，总公司或是拥有经营决议权的社长对农业投入的多少将会对今后的规模和持续发展造成极大的影响。社长或是核心人物变动的话，农业一线的指导方针就会产生变化，甚至会导致倒退。看最近的新闻，因股东要求提高短期业绩进而影响到公司方针的情况并不在少数。对于农业这种长期视大自然为对手的产业来说，这将是最大的弊端。此外，企业刚刚进军农业时，往往会过度重视"经营"，而轻视农业一线的管理，而这也会给日后的农业经营带来压力。

企业中大多是经营决策者和一线负责人各司其职。当企业涉足农业的时候，负责农业发展的员工将在一线拥有更多决策权，因此一直在一线工作就变得尤为重要。农业领域，技术是依附于人的。即便建立了一个牢靠的组织，想要继续工作、提高技术的管理者和操作者却被总公司的要求和劳务规定制约的话，也将难以施展拳脚。

人员变动大，就会导致农业技术无法储备，所以保证人员的稳定性也是非常关键的。

为了确保企业参与农业得以成功，就需要经营者明确加入农业领域的理念和目的。拥有对农业的高度热情和领导能力，培养兼具创业精神和高度责任感的一线管理人员，而且能够保证早期投资的话，对企业来说，进军农业就相当于成功了一半。

▶ 个人形式加入农业的关键是什么？

那么，个体的情况又怎样呢?

以个人的形式新加入农业领域的时候，几乎不太能够像企业那样拥有雄厚的资金力量。个人加入的最大优势是本人拥有百分之百的决策权并承担全部责任。也就是说，人本身就是无可替代的全部资本。因此，不能轻易半途而废，需要有极强的觉悟，并基于这个觉悟带动周围的人参与其中，再由此带来好的结果。

自己独立出去做承担着很大的责任，但相对应的也就获得了能够决定所有的绝对自由。实际上，这种责任和自由对于农业的成功来说最为关键。农业的所有事情都发生在农耕现场。一线和经营紧密相连，在一线是否拥有足够的决策权直接左右着经营状况。

接下来要说的事情比较常见，我自己身上也发生过。到了丰收的季节却发现种植的农作物产量超出预期，必须收割超出预期一倍的农作物，这样一来之前制订的计划就必须变更。这个时候，还按照原计划的话，就只能完成所有工作的一半。为此，我灵机一动联系了送货地，毕竟为了提高农作物的销量而进行人员调整是直接关系到销售额的。不要朝令夕改，但有的时候"朝令朝改"也很重要。

如果不是承担完全责任和具有绝对自由的负责人，那么是无法快速采取行动来应对这种情况的。而这正是以个体形式从事农业最强有力的地方。

3. 从农并无阻碍

▶ 没有入职考试的农业谁都可以参与

虽然有很多关于加入农业的规则的质疑，但如今的日本法律中是完全不存在任何限制的。如果硬是效仿国外的大型农场，建造本来就不切实际、不适合日本的设备农业的话另当别论，只要能活用日本的地理位置和气候环境进行农业耕作，任何人都可以参与其中。

我列举一些普遍的农业领域规则，"不能购买土地""和当地的关系复杂""无法满足从事农业的资格条件"等，无论哪一条，都不是法律不允许，而是用来判断个体和企业是否适合农业的内容。

其他产业又是怎样的情况呢？不论是丰田公司还是佳能公司都有入职考试，以此来考察员工是否满足自家要求。公务员也有公务员考试。我听说警察也有严格的适应性考试。相信没有人会说公务员考试莫名其妙，是成为公务员的阻碍的吧。

为了成为医生，进入医学院学习 6 年，通过国家考试才能获得医师资格证；为了成为专家，获得资格证之后还要作为实习医生不断磨炼自己的技术。此外，新建餐饮店和小卖部之类的店面时，也不是马上就能在选好的地址开工。施工许可证是

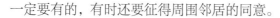

一定要有的，有时还要征得周围邻居的同意。

这么一想，加入农业的要求并不是特别生硬，仅从没有入职考试这点就可以看出是比其他行业入门门槛低的。也就是说，只要顽强地一一击破我刚才提到的那些问题，就一定能参与到农业领域当中。

▶ 租借田地是基本原则

虽然也会有人对"无法购买土地"提出意见，但就田地耕作而言，一旦买了土地资金就无法运转。土地本身既是生产设备，又是一项不会贬值的固定资产。土地本身虽然不会贬值，但它和其他行业相比还是有很大的不同。在我看来，如果工厂和店铺作为生产设备不会贬值，资金不会流动，那么也就没有如今其他产业的繁荣昌盛。但是，对农业来说，土地作为生产设备不会贬值却属于经营上的不利之处。

也就是说，单纯想通过耕种田地获得成功的话，租借土地是基本原则，购买土地来经营的话是不太现实的。即使是资金充足的人不贷款、全部用现金来购买土地，总的资产现金回收率也会下降，造成低效经营。

就我个人而言，已经知道好几个因为购买土地导致资金短缺而最终招致破产的例子。我再强调一遍，租借土地是基本原则。上市公司同样可以租借土地。只要花费必要的时间进行交涉，就不会有"没有土地""借不到"这样的事情。

"和当地的关系复杂"也不会成为加入农业的障碍。来到当地从事农业，从某种意义上来说和加入一般的社会组织是一样的。一家公司会有自己特有的风格，某个地域也会有当地的风土人情，就如同加入一家公司当中会面临各式各样的人际关系一样，农业也是如此，绝不是什么特别的事。而且在进行农业活动时，当地居民的智慧反而是一笔难得的财富。即使是为了让这些智慧发挥出作用，无论是个人还是企业，融入当地也都尤为重要。

关于"无法满足从事农业的资格条件"这一点，即便是在农地法改革前，只要设立农业生产法人并且符合条件的话，也可以从其他行业转到农业领域。自从农地法改革后，任何人都能租借土地，没有资格要求了（只是，持有土地的农业生产法人需要满足资格条件）。

进入农业领域并没有什么特别的障碍。准备好技术和资金、设立培育方案、清晰地制订经营计划并着手准备、扫除所有障碍，任何人都可以将农业作为自己的职业。在土地荒凉不景气的情况下，比起加入其他产业，现如今正是参与到农业当中更为容易的时间节点。

4. 融入当地极为重要

▶ 用当地人传授的气候水土知识来有效施展才能

农业技术可不是光靠着书本学的，而是在针对土地进行了调整之后才发挥出作用的。的确有土壤学、肥料学、农作物的习性等这类普遍性的农业技术，但绝不是就一定完全适用于所有土地。倒不如说，不按书本的常理反而是常理。

这些都是我的经验之谈了。那还是第一次在青森的农耕弃用地种生菜的事，我们按照在群马时的施肥计划对那片农耕弃用地进行耕种。同样都是群马的生菜种植专家，但用群马的方法在青森进行实践的时候，农作物却并不适应新的环境，种出来的生菜又小又没有体现出什么商品价值。

后来，我们从当地人那里学到了适合那片土地的农作物类型和栽培方法，进行了适合这片土地的耕作。

冬天在静冈种植生菜的时候也是，完全无法发挥出在群马的种植技术。为此，我们还是真诚地向当地人请教了种植方法，然后进行了调整。冬天在静冈种植生菜的方法到了夏天又不一样了，仿佛种的不是一个东西。像这样，比较普遍的农耕技术只有在充分了解了土地的水土气候的时候才能发挥出作用。

也就是说，无论你掌握了多么完美的农业知识和农业技术，要是不了解当地的水土气候的话，知识和技术都无法发挥其价值。这不仅适用于露天栽培，同样适用于大棚等设施栽培。

▶ 当感觉与当地融为一体的时候，才会学到真正的东西

作为菜鸟参与到农业活动的时候，如何才能了解当地的水土气候呢？ 我觉得还是直接问那些从以前就开始干农活的人最好。

如果企业过于看重自己的招牌，抱有"我们自己的知识储备最厉害"的想法，那样当地的农民就不会告诉你真正的东西。不要被名头、企业的背景、学历这些东西所束缚，先把自己的技术放到一边，做个什么都不懂的傻瓜，当你单纯以一个个体的身份去请教的时候，他们就会告诉你真正的东西。

这一点，不论是在体育界，还是在工匠领域都是相通的。如果一个人并没有在一个领域扎下根来，一流的教练或是一流的工匠就不会向其传授真正的东西。这也可以说是一种因材施教。

当别人感受到你是真正沉下心来，扎根到这片土地的时候，就会告诉你关于这片土地的种种。所以，为了了解一片土地的水土气候，我觉得直接从长期在那片土地上耕作的人那里学东西才是最便捷的方式。

5. 家人的协助孕育出优良作物

▶ 只要有家人的理解，利润就会提升

　　能培育良好的农作物、稳定运作农业经营的人的共通之处在于他们都有家人的支持。尤其是妻子的协助，甚至可以说决定了农业的发展。通过最近从事农业法人的活动我认识到，哪怕是一名公司员工，能否获得家人的支持都会产生截然不同的结果。

　　最近一段时期，夫妻共同承担家务变得理所当然了。我也觉得这点非常关键。从农业经营的角度来看，家庭生活当中角色分配、以农业为中心的夫妇的合作关系的好坏都尤为重要。妻子的协助，绝不只是无论什么都一起做。当然，一起工作是一种很大程度的协助，但能够理解对方的工作是从早到晚也是一种非常关键的协助。

　　农业是以大自然作为工作伙伴的，负责人一个小小的判断失误，都有可能带来蔬菜种植的失败，最终无功而返。为此，自己独立出去创业的人也好，作为农业法人工作的人也罢，生活都要以农作物为中心。这就导致你会时不时打破和家人之间的约定。

　　比如，持续降雨致使农作业一再推迟。终于放晴了，如果

早就和家人约好出去兜风，这个时候怎么办呢？从承担责任的角度来说，优先农作业对农业经营来说格外关键。一天的农作业可能关乎上百万日元的销售额，会对收入带来影响。那个时候，获得家人的理解和支持来进行农作业和那些承受家人的埋怨来进行农作业的人，会收获完全不同的结果。在这种情况下，作为农业法人会影响到奖金，作为独立农户会影响到销售额。

▶ 差一天就差 170 万日元的收入

下面我要讲一下，两个想要在静冈独立搞农业的人的例子。

那是发生在 2008 年 9 月 17 日的事。预报要持续降雨的前一天，我们约好在群马见面。一个人请了假如期而至，而另一个人为了在下雨前推进农作业，就将见面的事情延后，当天并没有来。我们的同伴对那个如期而至的人说："明天就要下雨了，怎么还是来了呢？一般都会将见面延后吧……"

的确如此。将见面延期的人，当天晚上一直工作到半夜，制定了第二天开始持续降雨的对策。得益于此，之后的种植工作都顺利推进。

请了一天假来群马的那个人呢？因为之后的持续降雨，致使农作业无法顺利进行，秧苗腐烂，最终无法继续种植。结果，工作进度大幅度延迟，没有收获质量优良的生菜。

只一天的时间，最终致使两个人一个月的收入差了 170 万日元。虽然这与家人的理解支持没什么关系，但通过这个例子就能了解，一天的时间是如何与销售额紧密联结起来的。

　　家人能否理解你的工作每一天都不能放松、每一天都非常关键，这一点对于这份工作来说很重要。作为独立农户，家人能否团结一心推进工作的进行，这一点对于能否获得成功更是至关重要。

6. 成功的农户是实习的好选择

▶ 在持续成功的农户家实习

对农业一无所知的人在选择实习地的时候，最需要在乎的就是，实习地是否凭借农业活动获得了成功。尽可能在一个持续取得成功的农户家里进行实习。这样的农户，有成功的工作方法，秉持着成功的哲学（原则）。

"持续"是一个非常关键的要素。我也见过很多凭借农业获得了短暂成功的人。谁都有可能顺应时代的潮流，获得短暂的成功，但是却无法长久。持续取得成功的农户，则是历经了天灾、市场价格暴跌等各式各样的遭遇，抱有应对这些的哲学和基本的方式。他们经营农业时，在重视胜过理论的经验和长期形成的传统的同时，又能顺应时代和气候的变化进行方式上的改革。这一点，不仅是在农业方面，也是我们从其他老牌企业学到的东西。

▶ 选择理念和规划与你有共鸣的公司

在选择实习地或工作地的时候，另一个很关键的点就是需要清楚农户的思考方式，公司的话则是他们的经营理念、规划

以及基本价值观等等。

经营理念代表了公司基本的思考方式和存在意义，规划是公司对未来的展望、对理想状态的一个描绘，基本价值观则是一家公司最重视的价值观。我们公司的基本价值观则是"努力、情感、传承"。基本价值观创造着公司的未来，也勾画着公司每一个人的未来。

规划和目前状况之间的差距越大，未来成长的空间就越大。秉持着基本价值观来践行经营理念，才有完成规划的可能性。

最近，在招聘过程中，经常会有来公司访问学习的学生们问到经营理念的事情。当然，在公司说明会上，我们也会在有限的时间当中针对经营理念、规划、基本价值观进行说明。从参与者的调查问卷结果来看，有很多人也会写到"经营理念很棒"之类的反馈。那之后，因与我们秉持着相同经营理念和规划而来应聘的学生增加了，我觉得是一件特别好的事情。

▶ 农业技术要靠身体去记忆

有很多书都对西雅图水手棒球队的铃木一朗①的击球进行过解读。也有很多介绍棒球的技术和理论的图书。读了书之后在头脑中分析理解，就能做到像一朗选手那样吗？读过之后或许可以对棒球打法进行点评，但却无法成为一朗选手。要是看书就能做到的话，每个人都能成为一朗选手了。

---

①　日本棒球史上的传奇人物。

为什么做不到呢？那是因为，一朗选手是用身体来完成安全打和好球动作的。论打棒球的资质，应该有很多人比一朗选手更有天赋。但是，每天最早来到球场活动身体、全部生活都是为了棒球，并将这些贯彻始终的人，可能只有一朗选手一个人吧。

农业也如此。从书本上学到的东西固然重要，但将农作物种植付诸实践，将书本上的理论知识应用到实际当中更为重要。哪怕身体力行的结果是失败，但是若能对下一次实践有帮助就是成功。千里之行，始于足下。用身体去记忆十分重要。当然，也不要忘了阅读技术相关的研究类图书。

▶ 最初的实习地决定了一生的农业观

对于今后要从事农业的人来说，最开始接触到的农户或者公司的观念、做法将会奠定这个人农业观念的基础。在持续取得成功的地方实习的话，那个实习地会成为今后工作想法、态度、工作方式的基础，并逐渐成为自己经营农业的一部分。相反，要是在不太成功的地方实习的话，就会学到一些不太成熟的思考方式、态度以及工作方式。

不太成功的农户，不知不觉间就会在现状和成功之间筑起围墙。净是一些"做不到""不可能""全都是天气原因"的借口，逐渐将借口当作习惯，离成功越来越远。而且，这种习惯将会改变心态，花费了大量的时间和成本，结果却变得越来越糟。

成功的农户不会说"做不到""不可能""全都是天气原

因"这些话，往往都是积极地去思考，去实践。

我会常常追问自己"这次没能成功的原因是什么"，却不会找"做不到"这样的借口为自己开脱。我会真诚地向他人请教、寻找解决问题的突破口、时常探索可能性，并一直努力下去。同时，我也会首先明确设立的目标，出现偏差的时候去思考是什么地方出问题产生了这样的差池，并思考如何去改善。

也就是说，根据个人习惯不同，之后所进行的农业经营模式也会有很大的不同。因此，一开始选择在什么地方开始农业实习是非常重要的。

7. 农业经营是由农业技术决定的

▶ 归根结底，农业经营是将农业技术学习进行到底

现在我来谈谈农业经营的重要性。很多人都说，要是对农业经营没有感觉的话，在日本就行不通。我觉得这种说法有一定的道理。我从高中时期就喜欢农业簿记并开始了学习，1990年就能用复式簿记来为自己家做年度结算，1994年开公司时就能看懂估算表，1998年就能制定预算书，从经营的角度来对其进行分析。

在这一过程中，我逐渐确信"农业经营是由农业技术的好坏来左右的"。计划、销售、商品开发等相关的经营直觉当然也不可或缺，但无论怎样进行销售和商品开发，因为技术不成熟而导致农产品本身质量不过关的话，经营也就无从谈起。

如今，凡将农业做得风生水起的农户，都还是秉持着杰出的技术并不断对其进行磨炼。灵活利用这些农业技术，并且以盈利价格进行销售的话，即使不刻意去经营也是可以获得成功的。

有了农业一线的技术支持，才能谈所谓的经营。

▶ 栽培管理技术和作业技术同样重要

　　农业技术大体上分为两类：一类是耕地、播种、嫁接之类的作业技术和机械操作等；另一类是根据农作物的生长状况判断浇不浇水之类的栽培管理技术，还包括土壤状况分析、肥料的设计、病虫害的预防等工作。另外，管理能力也是非常重要的技能，我会在之后的章节进行详细介绍。

　　以往，建筑业或制造业等其他行业都实行各负其责的分工作业制，但是最近也成功向"一人多岗"的形式进行转化了。

　　制造业已经从利用带式输送机的流水线作业转化成专人负责全部流程的单元式生产方式，以此减少了库存，成功使日本国内的制造业恢复生机。我觉得这种单元式生产方式是从日本的农业引入制造业当中的。在某则新闻报道中三洋电机的创始人井植岁男这样说道："日本的制造业之所以能创造辉煌，是因为有农业领域培养出的优秀劳动力和思维方式作为基础。"在这篇报道中就蕴藏着我所说的"从翻土一直到销售、送货都全程由一个人负责是比分工作业的形式更具有生产效率的"这种思想。

　　在美国的农场里，两大类农业技术也是由不同的工作人员和顾问分别负责的。在日本的农业领域，当然也有地方开始施行依据作业技术不同而分开负责的制度，但我觉得还没有大范围普及，因为其中还存在着一些重要课题需要继续探讨。这些课题包括：因为日本多雨和潮湿等因素，气候环境瞬息万变，比起定性定量的栽培管理方式，更需要因地制宜、随机应变的技术；日本尚未达到因地形复杂就进行分工管理的规模，所以同其他行业一样也面临着库存增多、生产效率降低等问题。此外，满足日本人对高品质的要求也是一个需要考量的课题。

一线的工作人员需要一边把握这些条件作出决定，一边掌握栽培管理技术和作业技术。再具体些说，日本的农民以如今的价格供应世界级高端品质的农作物是因为他们掌握着成本竞争力，成本竞争力正是来自他们一人就掌握着多种技术的本领。

今后想要从事农业的人，当然要学会栽培管理技术和作业技术，除此之外，气象、昆虫、杂草的特征、机械工学等方面的知识也要掌握，只有这样才能将理论和实践有机地结合到一起，研发出全新的模式和独特的方法。这么一想，可以说农业是一份持续一生、跨越年代的工作。

8. 生活与工作融为一体

▶ **农业没有止境**

如果只是在上午8点到下午5点这个时段内做农活，那就说明还没有完全喜欢上农业。因为觉得太有趣了，所以一旦开始思考农作物的事情，也就没了"这样就可以了"的界限。喜欢农业的人会以"没完没了，就先这样吧"结束这项工作。一旦开始认真从事农业，就会忘记时间。

特别是刚开始创业的时候，有必要工作到忘记时间。现如今，我一天当中大部分的时间也都是花在工作上。要是被问到"爱好是什么"，我会毫不犹豫地回答"工作"。

我每天大概6点起床，7点到8点之间去公司。之后，去作业现场啦，和人碰面啦，上床睡觉时一般都要晚上12点到凌晨1点。因为家和公司紧挨着，午饭有的时候就在家吃，而吃饭的时候也常常在想工作的事情。

刚刚开始从事农业的时候，听到过一些指导机构说农业的工作时间和一般的工薪阶层一样。我也曾有过一段时间按时上下班，但心里总是惦记农作物的事情，没办法完全做到像工薪阶层一样打卡上下班。最后，结果就是变得像现在这样，心里始终记挂工作的事情。

▶ 在美国，乐在其中的人也不会将工作和个人生活割裂开

在日本很多人都会认为，欧美国家的人都是一周双休、不将工作带回家、工作和生活明确划分，有着一种先进的生活方式，而日本人却整日忙于工作。但据我所知，实际情况并非如此。

我有时也会去美国的农业基地和超市考察。我的叔叔已经去美国生活了将近四十年，一直从事汽车维修的工作。婶婶的妹妹嫁给了法国人一直在法国生活，由此我得以了解到美国和法国的一些生活方式。我了解到即便在美国，对工作肩负着责任感的人也并不会将工作和生活完全区分开。那些能做到将生活与工作划分清楚的人，单纯是因为他们从事的是简单作业式的工作，即便他们想将工作带回家，但从物理角度来看也不允许他们这么做。从责任角度来看，是无法保证只在特定的时间工作的，而往往要为了工作牺牲掉个人时间。

▶ 在美国，也是不受时间限制的人取得成功

我去美国的日系蔬菜生产基地考察的时候，发现一位女性销售经理每天从早 5 点开始一直不间断地工作到晚上 10 点。一问才了解，她本身觉得这份工作十分有意思。肩负着责任只是一方面，能充分发挥自己的潜力、在这个领域积极活跃的人都是因为喜欢这份工作。

还有一次是我去销售有机农产品的全食超市①考察，发现店长看着还不到 30 岁，就问了问："这么年轻，怎么就能成为店长呢？"对方答道："我对这份工作非常感兴趣，大学期间就一直在这儿打工。毕业论文写的也是和这家公司相关的内容，论文内容被领导看了以后就录取了我。之后，我将论文中的内容在这儿进行实践，取得了一定的成果，就升为店长了。"

现在在日本我能感受到"工作是工作，生活是生活"这样的思想热潮，但另一方面我也能深刻感受到不论在哪个国家，想要在工作上取得一番作为的人都不能受制于时间。

▶ 为什么单独创业第一年就能取得 4000 万日元的销售额？

2008 年开始独立经营的塚本佳子，在创业第一年就达成了 4000 万日元的销售额，取得了开门红。她待在地里的时间特别长。从 8 月份开始独立经营，她就每天早上 6 点到田里，晚的时候常常会在地里待到晚上 10 点，从不休息。

现在说起来还挺好笑的，当时因为她半夜还在田里用拖拉机耕地，还被巡逻的警察例行盘问了一下。现在，塚本常常还会被那位警察问候"你辛苦了啊"。

我个人也会担心她，还建议她减少工作量，差不多就行

---

① 全食超市，即 Whole Foods Market，是美国最大的天然食品和有机食品零售超市，也是全美首家获得认证的有机食品零售商，倡导高质量生活、绿色健康食品和环境保护。

经历台风的灾害后从头再来、守护生菜的塚本

了。但她本人却说"辛苦但却十分快乐"。

　　我再一次认识到快乐就是会让你忘记时间，投入到忘我。

　　像这样为了成功，喜欢到忘记时间是非常重要的。而且，从国外的一些例子也能看出，即便自由如美国，为了取得工作上的成功也是会让人将生活和工作融为一体的。

9. 子承父业也是一个好选择

▶ 想让自家的孩子继承农业就是最好的市场营销

以前那些醉心于农业的农民都会想让自己的孩子来继承家业，农业往往类似于一种世袭制。这不单单是让孩子继续工作下去，深层次里还包括着要将自己家族的文化、珍惜在工作中互相帮助的人的这种思想、家族的理念等都传承下去。这种珍惜自己的客人和与之打交道的人们，并将这种精神长长久久地传承下去都与成功的市场经营息息相关。

最近，很多农民都说"农业在自己这一代就完了，我儿子会做一名普通的上班族"，这样的人培育出来的农产品将来会变得如何我并不清楚，但从这样的人手中采购农产品，心理上就会让人感到不安。多年之后，也确实就不会再买了。

2008 年发生的"毒饺子""毒大米"事件，让人们意识到对于供应商的选择标准不能只是价格便宜。餐饮界也开始意识到，挑选一个长久且稳定的供应商对于企业的影响将是持久的。

▶ 长久稳定的农家就会订单如潮

最近在和新的采购方进行商业洽谈的时候，我都会问对方

"为什么想选择我们呢"。对方答道:"因为你们会培养新人,对于未来的采购和供应我们也不担心。"很多人都会这么回答。虽说以前若是价格谈不拢的话,生意就谈不成的情况比较多,但最近价格都大体类似,采购方就会更加重视供应商是否具备一个持续生产、供应的体系。我觉得应该有一种"供应商如果只在乎价格的话,迟早会消亡"的危机感。也就是说,今后准备涉足农业领域的人,如果只是自己这一辈做的话也就算了,但如果只顾眼前的利益,无法让想长期发展下去的客户得到实惠的话,最终也是无法形成稳定的农业经营的。从采购方的角度来看,蔬菜、农作物的合约采购不仅要承担自然灾害可能带来的风险,同样承担着土地开发费用、稳定采购等方面的风险。而农户一个非常重要的使命就是要尽量降低客人可能面临的风险。

在发展过程中融入满足双方利益的思考方式,今后也让自己的孩子继承家业,以这样的方式进行农业经营,不仅对农户本身,对客户来说也是非常重要的。

10. 思考销售，专注生产

▶ 蔬菜的价格就是"供给少的时候暴涨，供给多的时候暴跌"

蔬菜一旦播种了，之后就犹豫不得。也就是说，在播种之前定准客户、定好收货时间以及确定收购量、收购价格是非常必要的。没有找到买家就急忙播种，到了收割期又慌慌张张地想卖出去，那就必然会被人牵着鼻子走，无法以一个合理的价格进行销售。

刚开始进入农业领域的时候，当然技术层面也会面临问题，但在此之上，如何将收获的蔬菜销售出去可能会面临更大的问题。经常会听到农业小白们说"虽然能种好蔬菜，但没有卖的地方，还是赚不到钱"。

"送到市场就能卖"，这样的想法放到现在已经不好用了。供不应求的时候，蔬菜价格会上涨，但供过于求的时候，价格就会暴跌，有时候连包装费、运输费都收不回来。市场价格是由供给和需求来决定的，与肥料费、种子钱、人工费等这些生产成本完全无关。

而且，有一些向农产品直销店供货的人会说"卖货的人之间形成了价格竞争，价格根本划不来"。虽说是自己来决定价格，但同行以更便宜的价格卖，最终还是亏本的情况多。

因为农作物属于生鲜食品，若只想以普通的方式进行销售的话，就会让产量高低来左右价格，一旦形成了价格竞争就会导致赔本的情况发生。

▶ 播种之前就卖出去

和一般的工业制品不同，蔬菜本身是没有办法以未完成品的形式储存在仓库的。因为储存时间短，所以播种时期就决定了收获时期和销售时期。如果种好的蔬菜当时没有办法卖出去的话，再做成蔬菜制品就不值钱了。因此，最好在播种之前就找好买家，定好购买的种类、数量以及价格，这样才称得上农业经营的成功。

也就是说，今后想要涉足农业领域的人，一定要先想着销售问题再进行生产活动。但是，也会存在没有产品就无从谈判这样的两难情况。大自然和客户都是随意而又任性的，靠自己一个人既搞种植又搞销售，实在是困难。一边遵从自然规律种植农作物，一边又要倾听客人的需求，任何一方没有照顾周全的话，都难以维持下去。

公司从事农业经营的话，可以以组织的形式进行销售和生产，所以销售不会成为大问题。但对个人而言，销售可能会成为一个很大的难题。正如前面所提到的那样，个人从事农业经营的时候，我还是建议不要依靠自己一个人又做销售又搞生产，而是加入当地和你有共鸣的销售机构当中，这是实现成功的捷径。

▶ 个体农户保证销售地的方法

蔬菜俱乐部是农户们自己创建的销售公司，即便是刚刚进入农业领域的新农户，也可以和其他人一样销售蔬菜，也可以一开始就借助"蔬菜俱乐部"的平台去销售。从而，对于新手来说最困难的销售问题得以解决，就可以全身心专注于生产问题。

也就是说，好像刚创办自己的公司就有销售人员为你服务一样。生产者不用再考虑业务上的问题，只需要设定生产计划、预测销售额并基于此计算费用、雇佣员工等，做生产相关的工作就可以了。

只需要思考如何种出更好的蔬菜，这从一开始就实现了农业经营。正是因为有这样的模式，之前提到的青森县的山田、静冈县的塚本才能在创业的第一年就实现了数千万日元的销售额，靠农业赚取生活费，并从中获利。

现如今，很多地方都有提供可靠支援的农业法人，农协也有很多这样的体系。像这样以法人的合伙人的形式开始创业，或是加入农协，就能确保你的卖家。我推荐以个人形式开展农业经营的人采取这样的经营模式，因为这样一来可以让你把精力集中在生产活动上。

11. 靠种植取得的成功和靠经营管理取得的成功的不同

▶ 小面积开始农业经营并不好

新手刚开始涉足农业领域的时候，经常会听到其他农民说："刚开始的话，就从七八亩地开始干，干好了再扩大面积。"要是从农作物培育和实验种植的观点来看的话，这样说是没错，但从经营的角度来看就未必正确了。原本农民整合好田地、机器、设备、员工等这些经营资源，并且成功种植的话就相当于在经营层面上取得了成功。但农业小白并未拥有经营资源，就必须生产出能保证经营资源的销售额或是同等的价值。也就是说，如果农业小白无法赚出经营资源折旧后的差价的话，是难以维持生计的。

最开始以小面积的土地种植蔬菜、进行农业经营的话，手头比较忙得过来，种植成功的概率也会提高。但面积再小也是需要机器和设备材料的。即便只种植七八亩地，小型拖拉机、杀虫机、微耕机、播种机等各种设备和道具也都是必须准备的。从这片田地里获得的收入在对这些机器进行折旧补偿后，要是不能赚出来生活费的话，不管你种的农作物有多么好，从经营的角度来看都是失败的。假设小面积种植获得了成功，为了保证从经营的角度上看也获得成功，就要置换新的大型的机

器设备，那之前的投资就白费了。

此外，从农作业的效率角度上来看，小面积种植的时间很难处理，会导致对应这个生产规模的作业体系变得非常没有效率。一旦习惯的话，之后就比较困难了。当向成功经营的模式进行转变的时候，就要打破员工雇佣、栽培技术、新的设备的使用等所有至此已经形成的作业体系，重新建立一套新的体系。这和重新开始农业经营是同种程度的巨大转变。

当然，我们也会进行小面积种植，但那是在实习期间进行试验栽培，或是要进行更换新农作物的实验时才会采用这种方式，而且都是在有基础农作物的前提下进行。对于今后想要开始从事农耕的人而言，学习蔬菜的种植技术、设定种植面积，雇佣员工，调配将要使用的拖拉机、机器、土地，确保运转这些的资金，以经营层面上的成功来设立各式各样的技术目标再出去独立，这在实习过程中都是非常重要的。为此，选择一个成功的农户作为你的实习地是非常关键的。

准则二

将农作物商品化，以此来
创造利润

1. 自食的蔬菜无农药，但销售的蔬菜却满是农药的矛盾

▶ 不论规模大小，能卖就能产

有的时候我会惊讶于一些畅销的新商品到如今才产生。当心里一直想要的东西终于出现，或是解决了一直作为社会问题存在的一些不和谐的时候，这些商品都会大卖。

要是资金实力雄厚的大企业，就可以大量投入宣传费用播放广告，一口气拿下市场份额，作为农民却无法投入那么多的宣传费用。但是，只要开发出与组织规模相匹配的商品，就能出产无数商品。以匹配规模的形式开发出市场所需求的商品，这样的商品也会给组织带来巨大的收益。充分调动农业一线的人的想法和灵感，去尝试、去挑战吧。

在这一章节，我将以个人经验为核心，尽可能地整理出一些具体的要点，阐述如何让客人去接纳这些商品，又如何让这些商品大卖。

▶ 家人不会吃的青梗菜

那还是我二十出头时的事情。青梗菜开始流行，于是我也开始研究青梗菜的种植。现在通过防虫网大量减少了农药的使

用，但当时还没有这样的技术，在整个种植期间我会每隔三天就喷洒一次杀虫剂。从播种到发货的三四周内，我大概给种植的青梗菜喷洒了 7 次左右的杀虫剂。

当时我还在给市场供货，哪怕青梗菜只有一个虫洞都会被降为 2 级产品，迫不得已只能大量喷洒杀虫剂。当然，这样的青梗菜我们家人是都不会吃的。我一边种着，一边想着我们可不会吃这东西（当然，现在销售的青梗菜普遍都不会这样了，可以放心食用）。

萝卜也是一样。我们农场 6 月份供应的萝卜虽然能实现无农药种植，但要送货之前叶子会招虫。因为大家并不会吃萝卜的叶子，所以就简单清洗一下直接供货给市场。但是我们的萝卜价格却只有别人的一半，问了客户，他们回答："因为有虫啊，怎么可能好卖。""虽说有叶子上有虫子，但是不影响食用部分的萝卜啊，应该没关系的吧。"我这么解释，但没人听得进去。舍卒保帅，我也只好喷洒杀虫剂使自己的萝卜能和别人一样卖到相同的价格。

▶ 心生疑惑与有机蔬菜紧密相连

慢慢地，我开始对这样使用农药心生疑惑。我是为了吃（为了生活）做农业的，却在种着自己都不会吃的蔬菜。我的心里开始有一种不明所以的违和感。

"我种着自己家人都不会吃的蔬菜，那么是谁在吃呢？"

莫名的罪恶感，让我心里开始对这种不得已而为之的农业生产方式和当时在市场上盛行的只注重蔬菜品相的行为感到别扭。

我一边心怀这样的违和感，一边从事农业生产。但个人力量微薄，我什么都做不了，这种别扭的感觉就在我心里沉淀了下来。在某一次消费者团体的交流会上，我遇见了一些和我有着同样想法的消费者，他们后来成了我的客户。

"我们并不想吃那些一味追求品相好看而大量使用农药和化肥的蔬菜，农作物本身的营养价值本身要比品相重要。我们想吃到那些让农民自己家人也放心食用的蔬菜。"

听到客人的心声，宛如电流通过全身一般，我感到茅塞顿开。

"就是这样的！"心中沉眠已久的违和感立刻被唤醒，我马上从普通农业转向了有机栽培。

▶ 商品化的两个要点

最开始有机栽培农作物（当时叫作无农药栽培）并未在市场流通。因此，生产者会和采购者在培育种植前先商量好种植量以及价格，然后再播种培育。不这么做的话，就无法供货给客户，想要有机农产品的人也无法购买。

这个例子当中有几个关键点。第一个是"对于现有的栽培方法感到违和，和抱有同样感觉的人有了联结"，第二个是"通过采用有机栽培、特别栽培等培育方法，来实现商品化"。

在第一点中，和同样心怀违和感的客人的关系绝不单单是生意往来，而是成了一种合作。因为我们在根本上就同样的问题有着相同的意识和目标，所以即便生产者和采购者处在不同的立场，却仍成为一个团队，并为至今没有过的事物共同努力，从零开始创造。

第二点是通过改变培育方法来实现商品化，针对同一个东西，改变它的概念和生产过程来保证安心感，通过这种方式产生了价值。表面上是同样的萝卜和青梗菜，但在看不见的地方却产生了价值，蔬菜变成了商品。

2. 究竟是为谁种菜——确定目标群体

▶ 没人买的话就无法成为商品

"因为有市场，就种吧！"这不过是头脑一热的想法。哪怕是再好的商品，如果不能产生利润，也不过是和之前一样单纯形成价格竞争而已。

我还经常听说："虽然想尝试无农药栽培，但不赚钱。"如果没有真正需要并购买这个商品（农作物）的客人，商品也不会转化成金钱。

这两个例子的共通之处在于，真正买东西的客人不在现场。农协或市场本身并不是客人。客人是那些最后会来购买、使用、食用的人。包括农协和市场在内，这些中间的流通商只是为客人提供更优质食生活的合作者。 这样思考后再去合作是非常关键的。

▶ 根据采购方来调整培育方法和农耕做法

首先要明确到底是面向谁在培育这些蔬菜。对于打算今后开始涉足农业领域的人，需要先设定一些假想客户。我的话，就是那些和我一样对农作物种植心怀违和感的人。

这样，明确了栽培的农作物的购买者之后，再来决定培育方法和种植蔬菜的种类。

比如说，同样是卷心菜，如果是供应给农协，就会对农药的使用次数和肥料成分、种植期间的限制、种植内容的信息公示、切至便于家庭使用的均一尺寸等提出要求。如果是提供给饺子店或是加工商，因为有单价限制，就会对一个卷心菜的大小以及在一定时间内的稳定供应提出要求。像这样，会根据采购方的不同，而在选种、肥料、田耕垄间距、株距等所有方面采取不同的对应栽培方式。

虽然追求有个人特色的培育方式也十分重要，但如果不符合客人的需求，就无法取得良好的销售效果。 一旦所有付出成为徒劳，那就毫无意义。 因此，结合采购方的需求采取不同的生产方式是十分必要的。

▶ 和莫斯汉堡合作的例子

我在前面也写到过，我们和莫斯汉堡食品有限公司是从1996 年开始合作的。 刚开始为之供应生菜的时候，我们经常和莫斯汉堡的工作人员交换意见。"莫斯的每个汉堡大约需要使用20 克到 30 克的生菜。一箱生菜能供店里做出多少个汉堡是非常重要的。"这样一来，我们就了解到他们的需求。"那样的话，为了能够多做些汉堡，我们一箱就多放一些生菜。"考虑到这点，我们向其供应了比较重的生菜。生产者基于采购方的情况，自行增加了单位容量的重量。但是，我们却并未获得期待的反馈，反而收到了"现在的一箱太重了，请再减轻一些"的抱怨。"说什么呢？重的话才能多做些汉堡啊，成品率才能提高啊！"我们站在生产者的角度，并不理解对方的抱怨。就在双方僵持不下的时候，莫斯汉堡的负责人拿来了生菜进行解释："我们做汉堡只会使用绿色叶子的部分，这才是我们想要的生菜。而这是你们今天供应给我们的生菜。"负责人说着，开始一片一片地剥开生菜的叶子。他们想要的是从外到里直到菜心都是绿色、全部能用于汉堡制作的生菜。接着，他又开始剥我们供应的生菜，刚剥到第三片的时候叶子就开始泛白了，剥到第四片、第五片已经不能用了。我们对此非常震惊："明明是觉得好才供应给你们的，结果却……"

重新了解到莫斯汉堡想要的生菜之后，我们开始配合着他们的需求种植后提供给他们。也就是说，我们需要根据采购方的需求改变培育方法和供应方式。这在供应给市场的时候是用不到的，但直接供应的时候就变得十分必要。

虽然这只是在根据客户需求调整培育方法和供应方式而已，但却形成了商品化的经营。

3. 正是无人耕种的蔬菜，才蕴藏着客人的潜在需求

▶ 新潟大米成为"越光米①"才变得好吃

一般来说，卖一些已经在市场销售的产品或者是模仿在销产品的营销模式是比较容易的，因为有可以参考学习的范例。从销售的角度来说也是如此，因为很多人已经了解到这些东西的使用方法，所以根本不需要解释说明，就可以顺利地开张。

相反，培育加工一些到目前为止并没有的产品进行销售的话，是需要持之以恒和不懈努力的。因为市场上没有，所以就需要一边开拓新的市场领域一边进行销售。但是，也正是这样的商品和农产品，才能让敢为人先的人获利获益。

那么，所谓的没有人种的东西，是指什么呢？在没什么可以吃的年代，只要有大米来填饱肚子就可以了。但在食生活日渐丰富的今天，只将大米作为果腹的食材来销售就行不通了。如今，新潟县以优良大米产地声名远扬，但据说在"越光米"被研发出来之前，新潟县的大米并不太适合直接食用，当地盛行将大米加工制酒，因此新潟县也有很多优质清酒的加工地。

---

① 越光，既是一种日本大米的商标也是同种水稻的品种，是日本家喻户晓的优产、高级大米之一，其中尤以新潟县出产的越光米最负盛名。

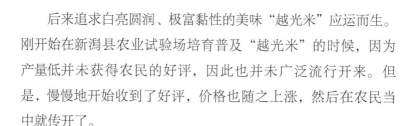

后来追求白亮圆润、极富黏性的美味"越光米"应运而生。刚开始在新潟县农业试验场培育普及"越光米"的时候，因为产量低并未获得农民的好评，因此也并未广泛流行开来。但是，慢慢地开始收到了好评，价格也随之上涨，然后在农民当中就传开了。

▶ 从好吃向满足客人需求进化

之后"越光米"变得随处可种，因此单单是"越光米"这个名字已经变得没有竞争力了。接下来，人们注意到产地也会左右大米的口感，就开始了"产地+越光米"的销售模式。其中，"新潟县鱼沼产越光米"将这种销售模式推到了顶点，其他地方也都开始以"产地"来将大米产品化从而进行销售。

此外，对"新潟县鱼沼产越光米"没有挖掘的方面，其他人就会找出并将其进行商业化。比如说通过限制农药使用量改良栽培方法的"合鸭米①"和"有机栽培米"、将种植者本身作为商业标签的"某某生产的大米"、为了迎合客人"想早一些吃到新米"这种需求所产生的"早熟稻米"、省去了淘米的麻烦而方便了家庭的"免洗米"等。最近，还有一些农民开始种植"古代米"，也获得了很高的收益。

---

①　合鸭米：以一种鸭、稻共栖的培育方式所种植出的米。将幼鸭放入稻田中采食各类杂草杂虫，起到除草除虫的作用，且鸭子的排泄物还可以用作天然肥料，让农作物实现无农药无化肥。同时，鸭子主食稻田里的生物，再辅以其他就可天然成长。两者都做到了在较为天然的环境下成熟，也保护了土地和生态的安全。

　　像这样，虽然大家都是在种植水稻，可一旦满足了特定的需求、产生了特殊的用途之后，就从"价格竞争"演变成了"价值竞争"，这正是经营的核心。

　　这里的关键是，不要一味地模仿，而是要做一些大家都没有做的尝试、种一些大家都没有种过的蔬菜，以此来创造出客人的需求。首先要思考的是"现在自己做的这些，要是这样的话，就能被这样的人所接受，就能获得他们的喜爱"，然后再试着将其具体地进行商业化。虽然未必都会如愿，但要是不做的话，谁都无法去评价。

4. 培育客人想要的蔬菜

▶ 培育有需求的蔬菜

蔬菜俱乐部了解到很多来自超市、生协、餐饮业、食品加工业等关于蔬菜和农业的需求。其中关于蔬菜、加工商品等的话题也是从小到大、从易到难各式各样都有涉及。我们会将这些信息传达给生产者，接着再以满足这些需求为出发点推进农业的发展。

那些销售额大幅增长的农户，毫无疑问都是满足了客人对于蔬菜种植需求的人们。他们勇于挑战自我，或是栽种了迄今为止没有培育过的蔬菜，或是用到了一些迄今为止没有使用过的栽培方法。最近，有农户开始种植苤蓝这种蔬菜。即使是客人小小的需求，但聚少成多，也会发展成很大的生产需求。

▶ 不能过分拘泥于自己的产品

我也是农民，所以我非常清楚农民对于自己的产品有一种坚持有多重要。但是，如果这种执着太沉重，发展成了一种执念，有时候则会被强加到客人身上。

有时候我也会给客户介绍一些非常努力的农户们，大家一起来合作。但这时就会有一些农户根本不听对方想要什么，只是一味地介绍自己的农产品，从而错失了合作的机会。

我来简单举一个假设的例子。

"我们家的魔芋啊，用的是我们自己家种的蒟蒻芋头，都是我们费了好大心思纯手工制作的。凝固剂用的是从扇贝壳提取的钙质，非常好吃。"

"我们明白这是你们辛苦种的，但是用了农药对吗？这不符合我们公司的采购标准哪。而且，这尺寸太大了，吃不完的。"

"虽然用了点儿农药，但是合乎法律标准的，没有问题。因为用了扇贝的提取钙特别好吃，比起这些，这么大一块不算多，很快就能吃完。"

"但这不符合我们的标准哪。"

"这是我们辛辛苦苦做出来的，请一定要采用啊。而且今后也要重视国产产品，让我们这样的农民活下去也是消费者的义务……"

听起来挺可笑的，但实际上这样的对话并不在少数吧。

▶ 传承特色固然重要，了解需求同样重要

通过这样的对话就能了解到，生产者一味地强调自己的主张和特色，而没有倾听客户对商品的需求和期待，完全无视了消费者的诉求。

客户对农民生产的产品很有兴趣，而且给予了高度的评价，但也提出了自己公司这条"不能使用农药"的标准，以及"尺寸不合"这个问题。可生产者并没有听取这些建议和要

倾听客人的声音，生产出优质商品

求。然而这些来自客户的想法和建议，正是客户真正想要的蔬菜和商品。

虽然这是个假设的例子，但如果生产者能够尝试无农药种植，然后再改变一下商品的尺寸大小，这次的合作应该就能成了。

我要强调的重点是，介绍完自己的商品之后，要花三倍的时间去倾听客户或买家对这个商品的反馈，因为其中蕴含着如何处理才能成功达成这次交易的线索和关键。

5. 在与其他产业的交流中迸发出新商品的灵感

▶ 农业没有必要被地域所束缚

我们在青森县、群马县、静冈县都拥有农场，这并不符合传统的农业理念。作为一个农户的长子，我以前也曾有"农业就是在某个区域一片土地上进行的"这种既定观念。但我打破了这个既定观念，和新加入农业领域的伙伴一起在青森县成立了农场。而在青森县成立农场这件事，也是因为和中小企业家同盟会的伙伴们，和从事商业、工业、服务业等各行各业的经营者们多多交流，积极听取他们的意见后，才最终得以实现。

拿餐饮服务业来举例，"萨莉亚"这个意式快餐店是在千叶县创立的，如今在日本全国各地都有分店，而且已经上市了。如果按照我以前的观念是很难想象能在那么远的地方开分店（设立农场）的。另外，"未来工业"这个制造商也是一家总厂在岐阜县，但在其他地方也设立分厂的上市公司。我不由得疑惑，在距离总厂那么远的地方建立分厂，怎么进行管理呢？和它的经营者见面交谈之后，我了解到其对于工厂的最优选址没有感到任何的不合适，也没有受到任何既定观念的影响。此后，我也因此摒弃了自身对于农业就该被某个区域束缚的固有观念。

▶ 和其他产业的经营、技术人员搞好关系

前面也提到过，为了辅助农业新人的独立创业，我制订了"年度生产供给体制"这一新型的农业计划。这一计划虽说是以"客户的需求"和"职员辞职及弃业"为契机所产生的，但从其他行业获得启发，从而摒弃原有的既定观念也起到了非常关键的作用。

如今我们公司已经自行开发了真空冷却机、蔷薇冷冻装置等设备，在实现蔬菜保鲜的同时，能够进行远距离的配送服务，并且推出了冷冻菠菜、冷冻西蓝花等新产品。而这一切都因为我们结识了在工业、电子、机械等行业领域兼具知识和技术的人们。

迄今为止，我们结识了各行各业的人，产生了很多新的想法，比如铜铸锅、有机蔬菜汤、西红柿点心、农产品无人卖场、直销所并设市民园艺农场、魔芋汉堡、萝卜汉堡、魔芋寿司、冷冻魔芋、油炸魔芋条、蒟蒻自动收割机、减肥食品等各种各样的新想法。当然，有很多想法尚未实现，但光是想一想就觉得有很多乐趣在其中。

在我看来，很多其他行业的经营者们认为理所应当的事情，其实也可以应用到农业领域当中。不仅仅是农业相关人员，我们也要结识一些其他行业的经营者、技术人员，这样才有可能开发出一些目前为止还没有的新商品。

6. 直营产生新商品
——和生协共同研发无添加剂腌菜

▶ 共同研发食品，双方都对彼此有了新的了解

我觉得共同研发食品大体上有两种方法：一种是将自己或自家公司内部所产生的新想法变为现实所进行的商品研发；另一种是和客人一起共同研发新商品。

对从事农业工作的人来说，我觉得两种方法中最有利的地方在于，我们可以直接与作为销售对象的客户一起进行商品研发。

除了有机蒟蒻，我们还在经过 ISO 22000 质量管理体系认证的工厂里制作不使用任何化学调味剂与添加剂的腌菜和有机冷冻蔬菜。不止于此，我们还掌握着原料生产这一环节，用来做腌菜和有机冷冻蔬菜的原材料也都是我们自家农场或是合作伙伴的农场里栽培种植的。我们这种贯彻始终的态度得到了以首都圈为代表的生协组织的肯定，并和生协的会员们一起研发了魔芋、腌菜、冷冻蔬菜等商品。

我们一起决定主题，从一个一个的原材料开始细细琢磨。和实际吃这些食品的人在一起研发的过程中会有很多新的发现，实在是非常有意义的事情。过程当中产生了很多我们作为生产者完全不曾有过的关于腌菜的尺寸大小和使用方法的新想

法和新发现。从生产者的角度来看，种出来的东西当然尺寸越大越好。但在交流的过程当中，我们了解到受限于家庭构成和家用冰箱的储存空间，对东西的尺寸大小其实都是有一定要求的。但作为生产者，我们之前对这些是并不了解的。

同时，我们也让生协的会员们了解到一些生产一线的事情。比如，为了使萝卜皮又白又好看，往往要额外使用一些农药；白菜什么时候好吃，白菜腌制几天之后乳酸菌开始增加、口味开始发生变化等，这些事也是他们之前并不了解的。在他们了解了这些之后，我们就可以在种植萝卜的时候减少农药的使用，也一起想出了更多腌白菜的方法。像这样和会员们一起协作生产出来的商品，就会被他们接受。

除此之外，我们还和各种各样的生协组织、消费团体、超市、餐饮业一起研发出了魔芋、腌菜、冷冻蔬菜等商品。过程当中也有很多新发现，推出了很多为客人们所接受的新商品。

在这里我想强调一点，直接销售是有机会让你成为给客人提供意见的伙伴，但如果只是单纯地向客户卖东西却是无法形成这种伙伴关系的。所以，关键在于从"一起做点什么"的角度出发来和客人进行生意往来。

7. 思考农作物的六大价值
——总价值的创造

▶ 从价格竞争走向价值竞争

农作物有多方面的价值，其中最主要的是以下六项："农作物本身的功能价值""配送方式所产生的价值""栽培方法的价值""生产者价值""加工价值""组织价值"。

媒体报道中单纯传递了农作物价格的高低，因此，只有农作物的"价格竞争"受到关注，但其实农作物是以各式各样的价值来参与市场竞争的。本来应该对价值有更多的了解，但因为在国际上与外国农作物只比较"价格"，就导致日本的农业经常被单方面地"差评"。

如果生产者只在乎价格，被卷入和外国产品的"价格战"之中的话，就会失去真正意义上的竞争力。就拿番茄来说，市面上不仅有普通的番茄，还有以不同价格销售的"高甜番茄"、KAGOME① 公司推出的"香浓番茄""料理用番茄""中等大小番茄""有机番茄"等种类繁多的番茄。国外也有更多种类的番茄，有时价格差距会达到 10 倍。

不是一物一价，而是一物多价。既有便宜的番茄，也有比

---

① KAGOME：日本进口果蔬汁品牌。

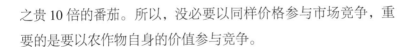

之贵 10 倍的番茄。所以，没必要以同样价格参与市场竞争，重要的是要以农作物自身的价值参与竞争。

▶ 农作物本身的功能价值

所谓"农作物本身的功能价值"，就是农作物本身带有的最基本的价值。拿生菜来说，就是其本身可以用来做沙拉、三明治；拿萝卜来说，就是其本身可以用来做萝卜泥、关东煮。要是烂掉了，或者伤到了，又或者不太新鲜的话，这个功能也就没了。

不论是在哪儿种植这个价值都不会发生改变，所以在生产成本低的地方种植反而比较有利。也就是说，单单以功能价值参与竞争的话，就会变成和外国产品的价格竞争，那样就完全显示不出日本农业的优越性了。

功能价值是农作物最基本的价值。日本国内要如何在这之上产生附加价值是值得重点关注的。

▶ 配送方式所产生的价值

所谓"配送方式所产生的价值"，是指农作物的配送方式所产生的价值。比如说，有"现摘现发式""产地直送式""冷链配送式""指定时间配送式""自定义配送式""直销所贩卖式"等，各种各样的配送服务就是农作物因配送方式所产生的附加价值。

如今，首都圈的各大超市销售清晨现摘现发的生菜都已经很普遍了，但这种方式的起源地正是我们所在的地方。在 20 世纪80年代普遍还是农户给市场供货的模式时，我们那里的农民已经开始推行了将在市场中没有竞争力的蔬菜绕过市场直接供应给超市的供货模式。

在这种供货模式中，提出了在超市开门前就将早上现摘的生菜送货给超市的配送方式，并且在将这种配送方式提供给以首都圈为业务中心的西友超市后正式开始运行。早上现摘的生菜比前一天摘好放在市场保存的更新鲜，一下子就获得了广泛好评。

以此为契机，本地稳定了生菜的价格，除此之外也将这种方式扩大到了其他农作物的经营当中，推进了农业的扩大化，正式确定了经营形式的农业管理。

当天将早上现摘的生菜送到店里的这种配送方式，是外地蔬菜商做不到的，因此不会造成价格竞争，产生了"新鲜度"这个价值。

▶ 栽培方法的价值

所谓"栽培方法的价值"，指的是通过有机栽培、特别栽培等区别于一般栽培的方法，从而提高了农作物的价值。

虽然最近实现成长轨迹追踪、掌握栽培方法都已经是很普遍的事情了，但这也和栽培价值的传入紧密相连。

特别是有机农作物和食品，现在指的是栽培过程、材料、场地等各项都遵从日本农林规格法规定，且能按照等级进行评定的农作物和食品。与一般的栽培方法相比，有机栽培的栽培技术和劳动方面都有很多困难之处，但是一旦获得有机认证就具备了安全层面和环境层面的优越性，在消费者之间的认可度也很高，是一种稳定的附加价值。

高甜番茄栽培也是最近确立的一种栽培方法，逐步获得了消费者的认可。即便高甜番茄的价格比普通番茄贵很多倍，依然很有市场，凭借优于普通番茄的香甜口感俘获了消费者的心，可以说是提高了其附加价值，在番茄种类中确定了比较稳定的地位。

其他的温室栽培、高温栽培、避雨栽培等也可提高产品品质，使之在农产品种植青黄不接的时期同样能够保证稳定供货，我觉得这都可以称作栽培方法的价值。

▶ 生产者价值

所谓"生产者价值"，是从事农业生产工作的人对农业的态度本身的价值。在想要解决客户难题的农户，和想在市场中大赚一笔的农户两者之间，如果要客人选择一个来购买蔬菜的话，答案自不必多说。也就是说，从购买者的角度能清晰看到农户是否在认真、努力地从事农业经营。

众所周知，就店铺、餐厅这样的服务业而言，店员的服务态度会直接影响到客人是否会再次光顾，也就是说与营业额直接挂钩。农业也一样，是时时刻刻被客人监督的。

哪怕种植的农作物很棒，从事农业生产的人本身对农业的态度仍会决定客人的去留。即使不是立竿见影的效果，但以值得被肯定的态度从事农业这件事会随着时间的推移回馈巨大的价值。

▶ 加工价值

"加工价值"会在下一章详细介绍,指的是将农产品加工成果汁、腌菜、魔芋、切好的净菜、冷冻蔬菜、乌冬面、荞麦面等这些农业加工品的价值。

但是,并不是说加工就使得蔬菜产生了附加价值。打个比方,蔬果汁类其实比起未加工时单价反而变低了,所以不要觉得什么东西都是加工之后就会产生附加价值。

农作物进行加工之后,一定要给食用和使用的人带来好处、提供便利、分担家务、提升口感,这样才能体现加工的短缺性,具备了减少垃圾处理和减轻城市环境负担等优点。

从生产者的角度来看,对农作物进行加工除了保证种植的农作物销售稳定、农业经营管理稳定之外,还具有增加雇佣空间、获取稳定收入的好处。除此之外,还具备资源回收的优点。与此同时,生产者通过加工的方式也避免了很多原材料的移动、流通的浪费现象。

▶ 组织价值

"组织价值"也非常重要。有很多人觉得"组织"与"个人"相对,农业的话会认为"组织是让人发挥作用的土壤"。一个人无法做到的事情,通过组织化的形式,就能使其各司其职、各负其责,实现从生产到加工销售,再到服务的高度农业管理模式。

　　现如今，组织价值已经成为农业领域非常重要的价值体现。从是否是一个能保持沟通的组织形式、是否能冷静应对投诉问题开始，再到是否能稳定供应蔬菜、是否能实现对种植农产品的追踪、是否能做到风险报告等，组织的体系至关重要。

　　而且个人无法做到的商品研发、事业拓展、产地开发等，组织都能做到。

　　最近在食品领域所发生的各种事件让如何遵守法律、如何进行组织内部监察等问题变得尤为突出。

　　我觉得企业产生丑闻的原因大体上有以下几项：组织内部对问题和意见规避、领导盛气凌人专制下命令、对问题和意见持消极态度、组织内部信息不流通等。

　　秉持着"问题和意见是宝贝"的想法，让组织内部信息通畅，提供积极乐观应对问题和意见的环境，才能提升组织的价值。有了这样的组织，才能更好地倾听客户的声音

　　除了这六项价值以外，我认为还有品种、地域性、营养等的功能、栽培的背景、农作物本身的意义、宣传活动等附加价值。对其中任何一点进行改善都会提升品牌价值，我认为这是今后的农业活动对我们提出的要求。

准则三

利用农家特色进行食品加工来提高利润率

1. 根据行情从定价到稳价
——创造附加值

▶ 农民天然就在进行农业加工

以前的农民也不只是种植蔬菜、水稻，而是会将收获的蔬菜做成腌菜，用大豆做酱料、酱油，还会制作年糕、魔芋，制作风干萝卜条等风干的蔬菜，总之是进行各种各样的农业加工。我现在还记得小的时候曾和邻居一起做过酱油呢。逢年过节，人们还会去往民宿进行一些相关活动。

虽说是一种自给自足式的农业经营，但农民的确是非常自然地在进行着这些农业加工活动。但随着时间的推移，农业开始细化分工，腌菜有腌菜加工店，酱料有酱料加工厂，酱油、魔芋也都有专门的加工机构，而农民在不知不觉间就变成了单纯的原料生产者。因此，农民自身对种植的农产品进行加工销售，这种想法对于农业经营来说非常关键。

▶ 不依赖采购原材料的加工活动比较好

即便是签订了种植合同，但农作物受到气候因素的影响从而引起市场的波动也在所难免。而且，当年的气候会影响收成这也是事实。在减少引起市场波动的同时，农民从事农业加工在实现农作物稳定供给方面也起着至关重要的作用。

农民在准备参与食品加工业的时候，需要考虑将自身所在地的农作物作为基础。在彻底考察好客户是如何使用自家的农作物之后再考量加工方法，这样才能服务便利于客户，才能改善产品口感、提高产品功能性，大大增加产品的附加价值。

从其他公司购买原材料进行生产加工的话，需要掌握和普通购买完全不同的要领，所以我建议无论如何还是要考虑将"农业生产"作为起点来进行加工活动。这样才能产出当地特有的产品，提高其竞争力，让商品本身成为营销卖点。反过来说，要是种植的农作物本身没有市场竞争力的话，加工而成的商品也很难有市场竞争力。这就是加工制造商和农业生产者进行食品加工的差别。

▶ 即便贵，商品有优势的话也会大卖

我们的农场会将蒟蒻芋头加工成魔芋板和魔芋丝。虽然我们也会加工腌菜和冷冻蔬菜，但在这个领域还是有机栽培的农作物更具压倒性的竞争力。要论蒟蒻，其实群马县才是日本首屈一指的蒟蒻生产地，那里生产量达到了日本全国的80%。

相信很多人都知道"马路村的柚子加工商品"，他们也是将当地的特色柚子加工成商品，如今成了村里的一大支柱产业。我们农业法人协会的伙伴当中也有很多法人机构在从事着农产品加工，比如说京都的"KOTO 京都"就加工九条葱①，然后销

---

① 九条葱：日本具有代表性的葱的品种之一，因主要种植在京都的九条地区而得名。

往全国各地的拉面店；而和歌山早和果树园加工的橘子果汁和橘子蜜饯就供应给日本航空公司和全日空航空公司的头等舱客人食用。除此之外，还有很多类似于种水稻的农家加工年糕、养猪的农户加工火腿等例子。

这些获得成功的农户有一些共通的地方，首先他们的优势就是自身具备优于其他加工商的品质和特色，即便价格贵也会销售一空；其次是他们没有脱离农业生产的环节，因此能生产出具备坚实价值竞争力的产品。

用自己农场里种植出来的农产品进行商品加工的好处在于可以摆脱市场对于农作物的定价，自己决定价格。将具有市场竞争力的农作物通过加工的方式，使其成为独一无二的商品，然后就能自己来决定价格。如果原本的农作物、地方特色以及栽培方法等具备竞争力的话，那么由此生产出来的商品自然也具备市场竞争力。

不考虑持续性生产的价格的话，农作物本身一旦供应到市场就一定会被卖出去。但加工成商品，自己决定了价格之后，还能不能卖出去就难说了。尽管可能会面临这样的困难，但如果具备我所提到的优质商品的特点和便利性的话，只要是有价值的商品，就一定会伴随着好口碑逐渐获得更多的客人，总会成为经营的核心的。

2. 小本经营很重要

▶ 从 5 台搅拌机开始

在我刚刚开始进行农产品加工的 1990 年，那时候对卫生管理还没有这么高的要求，如今可不一样了。1990 年时在卫生管理方面的投资金额是无法与现在相比的。但我个人不推荐在前期进行大量的投资，如果能以借款的形式进行前期投资的话那就更好了。虽然时代不同了，但尽量压低前期投入还是非常关键的，在加工商品的时候亦是如此，以手工作业为开端，然后听取客人对商品的意见，当收到有销路的积极反馈之后再逐步进行必要的投资。

我的蒟蒻加工厂的前期投资额只有 10 万日元，全花在了购入家庭用的 5 台搅拌机和放置搅拌机台面的材料上，刚开始我都没有购入放置搅拌机的台面，而是用买的材料亲手制作的。用的锅还是母亲的嫁妆，完全没花任何钱。

即便只是用 5 台搅拌机慢慢打碎芋头，然后将研磨好的芋头放到 90 升的腌菜桶里这样原始的作业方式，我们也能在一个小时内将 210 公斤的蒟蒻芋头研磨成黏糊状。

这样原始的开端也只是因为我们没有钱购买专门供应给加工商的蒟蒻加工制造机，但现在回头看的话，其实这样挺好的。要是使用了专门供应给加工商的蒟蒻加工制造机的话，我们就只能生产遍地都是的规范化商品，那就变成了单纯的价格竞争了。正因为我们没有钱，只能手工制作，才生产出了与机器生产完全不同的魔芋。这样，让客人了解到两者之间的差异之后，就不会被卷入市场上的价格竞争当中了。

"之前我们家孩子都不吃魔芋的，但现在却特别爱吃泽浦你们家的。"

我们经常会收到客人们这样的好评，对此我感到非常开心，觉得这才是手工制作的优势所在。

之后，随着销量的提高、生产规模的扩大，又进行了最低程度的必要投资。要是当时有钱的话，就会采购专业的机器，那样一来也就不会成长为今天的我们了。没钱就会想办法，这是一件幸运的事。正因为没有钱，才会想尽办法做一些无法做到的事情。

▶ 不能改变的事情，必须改变的事情

随着魔芋销量增加，我们所肩负的社会责任也就变重了。因此，我们在 1998 年建设了能进行卫生管理的新工厂。那个时候我们非常重视在明确了"不能改变的事情"和"必须改变的事情"之后再进行投资。不能引进会降低商品口感和品质的机械，即便效率不高也要保留手工制作。"不变的事情"是即便效率不高，但依然追求品质的精神。因此，当时只大胆地引进了一些能够进行卫生管理的设备和清洁性更高的机械。

如今供货量进一步增加，肩负的社会责任变得更重，就会

不仅仅在硬件设备上面，在软性规则方面也对卫生管理提出了更高的要求。尽管如今我们获得了 ISO 22000 质量管理体系认证，在软、硬件方面都进行充分的卫生管理，但我们原本只是从一口锅开始的。在成长的过程中，我们也不断向客人请教卫生管理方面的问题。

一旦进行了超过匹配公司规模的投资，就很难在经营上取得成功。反过来，要是在卫生管理方面的投资过低的话，就有可能接到投诉甚至引起大型事故。在投资和生产之间寻求平衡的同时，在一开始只进行小型投资也有利于技巧经验的积累，我觉得这样做更有利于公司稳扎稳打地逐步发展扩大。

3. 通过农业加工实现高利润

▶ 不浪费种植的农作物

将栽种的农作物直接发货供应的话，不仅会有形状不好的瑕疵品，还可能会有一些不符合规格要求。而且，蔬菜种植无论如何都会受到天气的影响，有丰收也会有歉收。因为产量会有波动，所以很多时候都无法完全匹配客人的订单量，为此就会多种植一些以备不时之需。这样一来，将不符合规格要求和超出订单量的蔬菜进行加工，发挥出完全不同的作用，就能有效降低培育过程中的可变费用，大大提高农场的收益。

拿我们农场来举例吧，在对萝卜进行有机栽培的时候，曾经将长得不直挺的、分叉的、断了的萝卜扔掉了，但后来想到好不容易进行的有机栽培这样扔掉太浪费了，就开始进行萝卜腌菜加工。那之后，腌菜萝卜的销量逐渐增加，现在只用不符合规格要求的萝卜来腌制已经赶不上销量了，连符合规格要求的萝卜也要用来腌制。

腌菜加工事关提高蔬菜价格和价值竞争力。比如说，直接向采购方供应蔬菜的话，大概会有 10% 不符合要求的蔬菜需要扔掉，这样所产生的生产费用就会被计算到发货的 90% 的蔬菜上（通常直接供应给采购方的蔬菜会计算出菜率，不会这么计算）。但要是把原本需要扔掉的那 10% 的蔬菜加工成商品卖掉的话，就能收回原本白搭的那 10% 的生产费用。这样一来，蔬菜的单价就变低了，而收益就提高了。

▶ 提高附加价值，提升竞争力

加工农产品的另一个目的是赋予栽培的农作物以附加价值，手握决定价格的权力。从播种开始到最后加工成成品，在加工的过程中赋予其附加价值，然后进行销售。

我们农场的蒟蒻就是这样的。生蒟蒻芋头是不能直接食用的，所以我们不仅自己控制着最终加工成品的整个培育过程，也自己掌握加工所带来的附加价值。另外，还要牢牢把握"有机栽培"这种与农场生产紧密相关的附加价值以及商品规划能力的附加价值。

从种植、加工到销售这种一贯制的生产模式，与那种在原料市场大跌的时候采购原料再进行加工的生产商相比失去了价格竞争力，但通过有机栽培或是其他独特的加工方法制造出的商品，与其他商品有很大的区别，具备价值竞争力，能够提高农场整体的收益。比如说，熊本县的"喔喔农场"从养鸡开始，到将鸡蛋加工成营养补品进行直销，赋予了自己农场的鸡蛋和鸡肉以很高的附加价值，是一种非常棒的经营方式。

像这样，慢慢将生产的农作物加工成能够俘获人心的产品。客人越喜欢，商品的附加价值就越高。不需要模仿其他人，只需要思考如何利用自己生产的农产品生产出独一无二的商品，获得客人的喜爱，创造其强大的附加价值。

▶ 不做农业的话，食品加工也就没有意义

农民参与食品加工是非常有意义的事情，由此充分发挥出农业生产一线的价值也是至关重要的。也就是说，从事农业生产，然后为了最大限度地发挥出农业生产的价值，再进行食品加工是非常关键的。

因为觉得农业生产效率低就放弃农业生产活动而只做食品加工的话，也就不能称作农业生产活动了。而脱离农业生产活动只专注食品加工的话，的确会提高生产效率，但与此同时，也就失去了很多人所追求的、肉眼不可见的农业一线活力这种附加价值。而且，这样一来原料价格就脱离了自己所能掌握的范畴，变得需要和所在地域、所在国家甚至是全世界范围内的其他食品制造商相抗衡。

有很多食品加工公司以前也是农业起家，但这样的公司一旦面临价格竞争，就不得不使用国外生产的原料，陷入了一味追求价格优势的境况。脱离第一产业投入到第二产业当中，就忘却了农民从事加工行业的初衷，那么这本书也就没有书写的意义了。

农民从事食品加工的最大优势就是土地和地域资源：在土地上进行培育种植，再进行加工销售，在过程中提高其附加价值。很简单的一个例子，本身卖 100 日元的农产品，经过加工后就会卖到三四百日元，直接送货给客人的话就能收到五六百日元；如果再做成食物、提供服务的话，就能卖到 1000 ~ 1500 日元的价格。有很多人参与到这个过程当中，会给地方创造很

多就业岗位，这也就不仅会带来农产品销售的收益，而且以支付、所得的形式激活了地方经济。

此外，在农业生产部门不稳定的情况下进行食品加工的话，会造成各种各样的浪费，因此从培育种植到加工销售的一贯制模式可以提高农业生产部门的生产效率。从客人的角度来说，如果能亲眼见到培育种植到加工销售整个过程中的参与人员和土地的话，也会更安心。此外，我觉得一贯制的生产模式还可以解决农业、产品、地方农村的问题，激活土地上的生产活动。像这样推进农业的加工，最终会带来总体竞争力的提高。

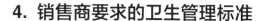

4. 销售商要求的卫生管理标准

▶ 彻底落实卫生管理要求带来了销售额的三倍增长

"O-157 大肠杆菌中毒事件"之后，政府对食品安全的管理就严格起来了，最近相关要求更高了。虽然这么说挺难听的，但在"O-157 大肠杆菌中毒事件"之前，卫生管理的硬性要求是只需要在卫生保健中心取得营业资格就可以了，在软性要求上完全没有管理。但是，发生了各种各样的事件之后，不仅仅是硬性要求，在卫生管理层面的要求也提高了。农民手工制作的商品的确非常有特色，品质上也很出色，但为了更大规模地销售，符合卫生管理层面的规范要求也是非常重要的。

这样一想，农民参与食品加工是有很高的门槛的，不仅是在经济上面有难度，根据物流渠道和物流规模所匹配的卫生管理水平也是不同的，因此有必要根据不同的物流渠道和物流规模，进行不同的卫生管理投资。

以我们自己为例子，最开始是在仓库里用大铁锅和商用大煤气灶来制作食用魔芋。那个时候，会在一些"一日活动"上卖。一个一个亲手制作，我和家人都会特别小心，格外注意避免有任何异物掺进去。概括来讲，加工食品还是反复作业完成的。

那之后的第二年，我们打算正式开始加工蒟蒻，于是在窗户和入口处安装了纱网，在洗手台上放置了消毒液，墙壁也选择了可清洗材质，之后在卫生保健中心取得了营业许可资格。但却没有意识到在软性要求上的卫生管理，只是自己在作业的过程中格外小心注意。那个时候，是将生产的产品卖给附近的苹果园和熟人，以及一些对我们有所了解的消费团体。因为都是对我们很了解的人，所以对我们的商品也很放心。

但之后，"O-157大肠杆菌中毒事件"发生的1996年左右，只在卫生保健中心取得了营业许可资格的工厂收到了很多投诉，发生了很多问题。以前也会发生一些问题，但每次都是道歉就能解决的，可采购方增多之后，以前的解决方式就行不通了。一旦发生产品安全事故就是一个大事件，会影响信用度。"O-157大肠杆菌中毒事件"发生之后，食品卫生管理问题一下子成了全社会关注的焦点。

为了解决这个问题，我们在1998年新建了工厂。地板换成了树脂材料，墙壁和天花板使用了与精密机械工厂同样的材料，出入口设置了风淋室，在硬性要求上参考HACCP①认证的要求来进行工厂建设。同时更换了作业人员的工作服，也开始参考使用卫生管理的方法。新建工厂后，收到了来自客人的好评，销售量也增加了，几年之后销售额就达到了过往的三倍之多。

---

① HACCP（hazard analysis and critical control point）：表示危害分析的临界控制点；确保食品在生产、加工、制造和使用过程中的安全；识别食品生产过程中危害可能发生的环节并采取适当的控制措施防止危害的发生；通过对加工过程的每一步进行监测和控制，从而降低危害发生的概率。

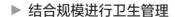

▶ 结合规模进行卫生管理

　　伴随着销售额的增加，客人对卫生管理的要求也会随之提高。从 2003 年开始，我们在软性卫生管理层面也开始加大教育力度，每个月都会在公司内部召开基础卫生管理学习会，也会请外部检查机构对我们工厂内部的卫生状况和商品品质管理进行指导。我们软硬结合的卫生管理方式受到了广泛赞誉，客人变得更多了。然后在 2009 年，为了使整个公司都能在卫生管理方面下大力气，我们取得了 ISO 22000 认证。

　　我们公司在最初也没有达到如今的卫生管理水平。与刚刚开始从事食品加工的时候相比，现如今客人对卫生管理的要求也远远高于当时。当然，关注食品卫生是必需的，但我觉得更重要的是要进行与生产规模相匹配的卫生管理投资。

准则四

根据经营规模，开发自己的客户

1. 国外的农户和日本的农户
为什么如此不同

▶ 为什么飞行员成了农民？

我经常去国外的农民家视察。在多次的拜访交流中，我不禁对日本的农业产生疑问。国外的农户不论经营规模大小，好像都有自己的客人，但日本的农户好像就没多少是这样的。

从最开始因为"我这是小本经营……"这种想法就放弃去寻找自己的客人。

大约是 1998 年的时候，我参加客户主办的有机农业考察团去了瑞典。考察了有机认证机构和一些超市之后，我们去了一户将农业畜业结合起来进行有机种植的农家。夫妻二人做着有机鸡蛋和有机小麦的生意，还会自己烤面包来卖。两个人都是三十几岁，外貌非常出众，甚至可以说是媲美演员的长相。住的房子是以前旧宅改建的，生活环境非常棒。在交流的过程中，我惊讶地发现这户农家的男主人以前是飞行员。这在日本根本无法想象。可能会有人想放弃农业成为飞行员，但在日本人的价值观里是无法想象有人会放弃飞行员而来当农民的。我询问了原因。

"确实，飞行员的收入非常不错，但陪伴家人的时间太少了。每一天都是机械性的生活，感觉活得不像一个人。因此，

121

我就想我们两个人一起做农活儿吧，于是就买了一个农场开始
当农民。这一行的收入确实比较少，但是把自己家的鸡蛋和小
麦供应给附近的超市，还能和我们的客人聊天，这可太快乐
了！这份工作不可替代！"

这户人家也是弃工从农，将自己生产的东西供应给超市，
把超市的客人当作自己的客人来对待，全身心享受着农业。

▶ 不论规模大小，寻找自己的客人吧

2004 年我去了意大利。那个时候碰到了一位女性，她在山
腰间养着 100 多头山羊，将山羊奶加工成奶酪卖给附近的人。
没错，她一个人饲养着 100 多头山羊。我们去考察的时候，正
好碰到有附近的客人来买奶酪。说是附近，但其实这些客人也
都是从 10 公里外的地方特意赶来的。

"每天都有客人来买奶酪，这令我很开心。"位女性微笑着
说道。虽然她的农场不大，但却拥有自己的客人。

除此之外，澳大利亚的一家大型胡萝卜农场也有着自己大
批量的客人。美国的日系生菜农家也有自己的客人。去国外考
察时我最大的感触就是，不论经营规模大小，再小型的农户也
都拥有自己稳定的客户。

日本呢？

我若问道"你的客人是谁呢"，又有几户农家能回答上呢？
大概也就不到一成吧。对于其他产业来说，要是没有自己的客
人就无法经营是毫无疑问的。有店面，却没有客人，干不下去
也属正常。

农业和市场是没有客人的。如果要我来定义的话，会将那些用可供我们进行持续生产的价格来购买、消费或使用我们商品的人定义为真正意义上的客人。

今后还想在农业上继续取得发展的话，我们应该从这些国外的例子上学到的一点就是，不必被规模大小限制，自己去寻找适合自己的客人。对于持续性的农业经营来说，重要的不是规模大小，而是根据自己的规模开发客户。

2. 不要只是销售蔬菜，更要解决客人的困难

▶ 做客人中意又无法砍价的东西

虽然有很多人觉得所谓经营就是随时随地地推销、开发新客户，但我并不擅长推销式的经营，根本做不来。因此，从最开始我的销售模式就是倾听潜在客人的需求，解决他们的问题。

这种做法的效果超出预期，客人都很中意这种销售模式所开发出的商品和服务，也没和我们砍过价。

反过来，当你只是模仿他人已经做成功的商品和服务，卖着类似的东西的时候，客人就会跟你讨价还价。因为这种营业方式无法提供价格以外的概念和价值，势必会引起价格竞争。农业生产是无法在价格竞争中赢过进口农产品的，要想不被卷入价格竞争当中，唯一的方法就是创造出独一无二的商品和服务。

▶ 消除客人对生菜的不满

当初在青森县建立农场是为了满足客人"稳定供给"的需求。 开始在原本种柳树的地上种植生菜的时候，有很多客人都

特意跑到农场参观，特别是那些当时饱受夏季生菜供给不稳困扰的客人们感到非常开心。

"谢谢你们！虽然我们来了也帮不上什么忙，但我们会以提高收购价的方式支持你们！"

难以置信吧。客人砍价的情况常有，但客人自己提出要加价真是让人做梦都想不到。当地的农民也给予我们很大的帮助，如今青森的农场每年都稳定供应着品质极高的生菜，收获了客人的好评。

天气因素会影响生菜的产量，客人对此都有很多不满。采取一些具体的行动去解决这些问题，就会收到来自客人的支持。

▶ 消除客人对番茄的不满

蔬菜俱乐部的番茄也是因为解决了很多看不见的问题，获得了客人的支持。客人想要酸甜比例好、价格实惠的优质番茄。种番茄的人都知道，当场摘下秧苗上红透的番茄直接吃掉是口感最好的。但是，秧苗上长到红透的番茄不易储存，容易造成损失，从物流的角度上来说不太现实。

也就是说，市场供应的番茄是需要留给物流和销售一定的存储时间的，成熟的番茄并不适合运输。但我们会在当天现摘成熟的番茄，第二天直接供应给店铺。

这种直接供应给店铺的番茄和市场销售的番茄，哪一种更符合客人的需求，大家应该都清楚。只要价格不是太悬殊，一定是现摘的更有市场。

还有很多对番茄栽培方面、品种方面、包装形式方面各种各样的要求，只要一个一个地去解决这些问题，客人就会持续稳定地购买。

▶ 农业就是要消除这些不满

设立青森县农场的初衷不是为了销售，而是为了满足客人"稳定供给"的需求。尽管是从解决问题出发，但结果却实现了生菜的销售。

番茄也是，我们并不是以销售为出发点，而是针对客人提出的"没有酸甜比例好、价格实惠的优质番茄"的实际问题，从各个方面，例如活用物流优势、采摘成熟番茄进行供应、尝试多样的培育方法、改善口感等去满足客人的实际需求，结果却提升了我们的销售额。

在我看来，通过农业生产活动消除客人的不满，竭尽全力去解决他们的问题，是实现农业稳定经营的根本。客人不是只在乎农产品的价格高低，他们还有很多其他的要求和需求。我可以保证，我们做的正是通过农业生产解决客人问题的工作。

为满足客户需求而扩建的青森农场

3. 小报道潜藏大机会

▶ 与莫斯汉堡食品公司的相遇

现在我也时常会听到其他农民说："有个好客户真好啊！我家规模太小了，根本不可能有这样的客户。"

确实，我们的客人都非常理解我们，让我们感激不尽。但并不是说我们和客人从一开始就是这么合拍的。

就拿与莫斯汉堡食品有限公司的相识来说吧，那时只要是看过日本农业报纸的人都有机会和他们合作。

1995 年年末，日本农业报纸上刊载了一篇有关莫斯汉堡食品有限公司和另一家快餐企业正在寻求生产有机农作物的农家的报道。那时候蔬菜俱乐部的生产者增加，正好要扩大销售规模，我就是被这篇报道吸引了。我马上查到他们的电话号码，紧张地拨通了电话，和他们约了会面。

第二年的 2 月，我去了莫斯汉堡食品有限公司的总部，和他们的对接都非常顺利，我心满意足地回到公司。中间隔了一段时间，5 月份莫斯汉堡的负责人打来电话表示想要来我们的农场看看。我们在农场再次碰面了。但我们最想卖给他们的生菜，莫斯汉堡已经和其他中间批发商订购了，所以生菜就没有合作的空间，但莫斯公司的负责人和我们谈到了番茄的合作问

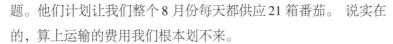

题。他们计划让我们整个 8 月份每天都供应 21 箱番茄。 说实在的，算上运输的费用我们根本划不来。

即便如此，那一年我们也遵守了和他们的番茄合约。第二年，生菜市场行情非常不稳定，初春时价格还很便宜，到了夏天价格就涨起来了。这中间，原本给莫斯公司供应生菜的合作商突然终止给他们供货了。

"泽浦，今天没有人给店里送生菜了。你们蔬菜俱乐部还有没有生菜? "负责人非常为难地打来了电话。我马上给我们的伙伴打电话，将生菜以平常供货的价格提供给莫斯公司的负责人，总算是帮他们渡过了这次危机。那之后，就换成我们来为他们供应生菜。 慢慢获得他们的信任之后，我们的合作还拓展到了卷心菜和青椒的供应。

如今，我们都是整年给他们供应各式各样的蔬菜，但我们最初的合作不过是由埼玉县的某个蔬菜中心给他们每天供应 21 箱番茄而已。

现在报纸和杂志上也有很多农业相关的报道信息，看起来就感到是很有发展潜力的。还有一些起初可能不是太顺利，但坚持下去就会有所不同的相关信息报道（话虽如此，如果考虑到自家公司的经营，不管想法有多好，我也不敢打包票）。

乍一看好像没什么价值的信息，却可能带来丰硕成果。在将迄今为止积攒的能力、技术都充分调动的优势领域，把这些机会都调动起来，坚持不懈、持之以恒地构建好关系，让原本看起来没什么价值的信息焕发生机吧。

4. 投诉和问题中蕴藏着成长的种子

▶ 发生在定亲那天的刻骨铭心的投诉

投诉意味着牢骚、怨言，总是带着消极的意味。农产品市场中是没有投诉这个词和概念的，所以很多给市场供货的农民并不懂投诉的意思，也有很多人不知道如何去处理。

但如果有了自己的客人，那就会有意见、有咨询，当然也会有投诉。虽说有投诉不见得是好事，但要是能将收到的投诉转化成解决的问题，反而会成为公司成长的契机。换言之，投诉可以看作是免费的咨询。

回过头看，我们公司也是一边接到投诉，一边处理着这些问题，从而提高了我们产品的品质。而且，那些给你提意见的客人，往往都是出于好意。其实这是一件值得感激的事情。

到现在我都还记得发生在 1994 年的一次投诉。因为当时YOSHIKEI 食材配送公司埼玉县分店正在着手研究无农药有机食品，所以就建议我们的有机魔芋也参与其中，我们会向其供应一箱六袋的魔芋套装。

交货那天正好也是我定亲的日子，我去了妻子的老家。因为是 1200 箱的大订单，所以直到定亲前一天，我都连续几天工作到半夜和大家一起做魔芋套装。定亲当天，我去了妻子的老

家滨松，刚到滨松就接到了公司的电话。

"老板，魔芋套装里有一个产品化掉了！"

在检查了全部货品之后，我了解到一箱六袋的套装中，有一种魔芋全部不合格。我要马上将这个情况汇报给对方的负责人，但当时不像现在用邮件这么方便，而且有手机的人也很少，传真机才刚刚引入一些公司或加油站。放下电话后我马上写道歉信，也顾不上定亲的事了。当时想的就是，已经发生的事情实在是没有办法，但尽量不要再给客人和 YOSHIKEI 食材配送公司添麻烦了。

就这样，在 YOSHIKEI 食材配送公司的协助下，我们花了一周的时间处理这些投诉。在寄出了给客人的最后一封道歉信之后，我已经做好了对方在经过这次事件后和我们终止合作的准备，但 YOSHIKEI 食材配送公司埼玉县分店一位叫作后藤的女性负责人打来了电话。

"虽然这次收到了大量的投诉，但我们不会责罚你们的，请以后提供给我们更好的产品。"我完全没想到他们会这么说。

接着，后藤的上司井上部长也接了电话："泽浦呀，这次我和大家说你是刚刚开始做这些，让大家原谅你了，但以后这种事情可不能再发生了啊。"

我眼里噙满泪水，除了"实在是抱歉""谢谢"之外，什么也说不出来。

我们将生产的机器拆开，寻找发生这次事故的原因，之后对机器进行了改良，之后再没出现过同样的问题。所幸的是，现在 YOSHIKEI 食材配送公司埼玉县分店不仅仅收购我们的魔芋，还收购我们的蔬菜和腌菜。

现在回忆起来，处理投诉的那一周，我只想着如何给客人道歉，但诚挚的道歉也和勇于应对投诉以及今后预防此类事情再发生息息相关。虽然我们要尽一切努力预防投诉事件的发生，可一旦发生了，彻底的改善和真诚的应对才会赢得客人的信赖。

5. 忙于销售，失掉了客人

▶ 靠有机农业独立创业的青年

去农业研讨会的话，经常会听到"农民具备销售能力是很关键的"这类的话。我也的确这么认为，没有销售，经营也就不成立。但是，这句话里面也有陷阱。

举个例子，想通过有机农业独立创业的人当中，有很多都想把自己培育的农产品直接供应给客人。我附近的村子里就有很多怀抱着这样的梦想，从城市来到农村投身于农业的年轻人。

这些人最初都是把自己种的蔬菜卖给亲戚朋友，亲戚朋友也都很开心，毕竟这是对实现梦想的朋友的一种支持。销售开始进行得很顺利，但慢慢地，送货、蔬菜信息整理、给客人写亲笔信、打包装箱等占用了太多的时间，这样一来自己去田地里管理蔬菜的时间就变少了，慢慢地种的蔬菜质量就下降了。供应的蔬菜都是虫子，大米也不熟不好吃，品质下降之后，原本支持的亲戚朋友慢慢地也就不再购买了。结果，年轻人放弃农耕、离了婚，最终回到了城里。

销售固然重要，但在农业领域里农作物是一切的根本。不在农作物的栽培上下功夫，只顾着搞销售的话，就会慢慢失去客人。

▶ 专职农民忙于销售之后……

在农民中，也有很多人有经商的头脑。这些人特别是种蔬菜的农民，开始直接销售后，商业谈判和投诉处理等各式各样的销售业务就会和培育种植时期重合，他们必须销售管理和农场管理两边兼顾，那样一来就没什么时间去农场了。这个时候，将经营部分转交给专营的农业组织比较好，个人形式的菜农又要经营管理又要培育种植的话，蔬菜的品质必然会下降。

经常会听到客人说："那家种的蔬菜原本质量很高的，最近品质却下降了。"

在最开始做生意的时候，农民还是有很多时间下到田地里的，那样能保证供应的蔬菜的品质。但随着销售占用的时间越来越多，农民亲自下田的时间就少了，慢慢地蔬菜品质就下降了，反而失掉了客人。

与水稻和果树不太一样，蔬菜的种植时期和销售时期是一致的，一个人同时进行农场管理和销售管理几乎不可能。

我觉得应该一边培育优质农产品，一边和与蔬菜销售相关联的人建立牢靠的信赖关系，如果不是这样形成一定的组织模式，而是自己一味地跑销售的话，就等于自己亲手放走了客人。

虽然和种的东西有关，但农业的基本就是农作物生产环节，最终决定你和客人能否长久联系的纽带也是农作物本身。

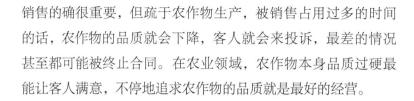

销售的确很重要，但疏于农作物生产，被销售占用过多的时间的话，农作物的品质就会下降，客人就会来投诉，最差的情况甚至都可能被终止合同。在农业领域，农作物本身品质过硬最能让客人满意，不停地追求农作物的品质就是最好的经营。

6. 市场无处不在

▶ 抱有强烈的意愿认真执行的话，就一定会有客人

我演讲的时候，经常会听到来考察的人说："泽浦你的市场规模大，所以有自己的客人。我的规模太小，根本不可能。"

我前面也写到了，国外的农户不论规模大小都有自己扎实的客人基础。也就是说，即便规模再小，也有小规模经营自己的客人。

我们邻市沼田市有很多苹果观光园。沼田市有很多人从很早以前开始就种植苹果了，但说到苹果还是青森县和长野县的比较有名，沼田市在市场上并没有什么竞争力。但他们活用地理优势，从苹果直销开始，现在已经成了非常有名的苹果观光园的集中地。

沼田市有很多家族经营式的果农，也有一些是拥有私人餐厅的法人经营式的大型农场。大家各自拥有自己的客人，种的苹果基本上也都直接卖给了自己的客人。虽说不是什么特别夸张的规模，但在拥有自己的客人这方面绝对是行业先锋。如今不仅仅是苹果，生产领域更拓展到了葡萄、樱桃等，一年四季都可以向客人直接供应不同的农产品。

还有我们邻近的川场村的大米是达到皇家特供级别的美味

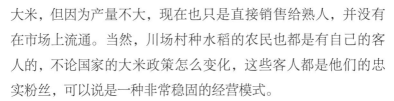

大米，但因为产量不大，现在也只是直接销售给熟人，并没有在市场上流通。当然，川场村种水稻的农民也都是有自己的客人的，不论国家的大米政策怎么变化，这些客人都是他们的忠实粉丝，可以说是一种非常稳固的经营模式。

我们生产的蔬菜，最重要的就是新鲜。所以我们没有办法原封不动地采用苹果观光园或是易储存的大米的那种销售方法，但我们让超市、餐饮业、生协等加入到我们和最终的消费者之间，以不同的形式实现了直接供应销售。我们也不是一下子就实现了几个亿的贸易往来的，而是从小批量开始，在和客人的往来中逐渐摸索销售方法和培育方式，一点点地努力，最终实现了向多种多样的采购商供货。

根据生产的农作物和产地，开发客户的方式会不同，但不论在哪儿，不论是什么样的规模，关键是要发挥出地域所长去生产作物、去创造客人。不管什么情况，都有开发客户的可能。特别是在当前网络和物流的便利环境下，可以实现日本全国各地的直接销售。最关键的就是我们作为农民是否拥有想要创造自己客人的强烈意愿，并为此付诸行动。

准则五

实干农户每天都要记日记

1. 记日记是农户成功的第一要诀

▶ 干得好的农民都记日记

农业这一行，也是有人做得好，有人做得不太好。我觉得两者每一天的活动大体上没什么差别，主要是在小的细节上不同，慢慢地就造成了比较大的差距。二宫尊德①也曾说过"积小成大"，每一天认真地做着平凡普通的工作、仔细地记录观察，随着时间的推移，小积累会带来大不同。

蔬菜俱乐部现在组织管理着五六家生产商，没达到目前这个规模的时候，我们也有很多烦恼。生产商中，有人每年都能稳定供应优质产品，也有人总是搞砸，而且有很多借口。因此，我们的供应会产生品质的参差和供应量的偏差，从而引起客人的投诉。

我也观察了一番，但说实在的，并没有发现两者有什么本质的区别。都在同一片土地种着同样的蔬菜，品种相同，肥料大体相同，农药的使用也类似，顶多是做得不好的一方用的农药多一点。手推车等机械的使用大体一致，一起工作的人数也大体相同，连拖拉机都是一样的，顶多有一些做得不好的拖拉

---

① 二宫尊德：日本江户时代后期著名的农政家、思想家。

机马力比较大等这类差别。成绩有好坏，一定是因为生产者不同，但究竟不同在哪儿，我也没有找到答案。

直到有一次开会的时候，我突然想到一点，于是问道："有在记农耕日志或是日记的人举一下手。"果不其然，每年成果喜人、不断进步的生产者无一例外都在记着农耕日志或是日记，而每年重蹈覆辙、进展不顺的农户都没有记录的习惯。我坚信这就是两者的差别。

记农耕日志的人当中，有人已经记了几十本，详细地记载着哪年哪月哪日农作物在什么样的土地上以什么样的状态在生长等内容，所以他们才能充分发挥过往经验的作用。我自己也记日记，通过看日记的确能够回溯从前，能够想起当时是怎样的情况，做了什么样的事情。不止于此，看日记还能回想起自己当时的心情，这是一种远远超越了种植农作物理性思维的力量。

▶ 怎样才能让大家记日记呢

我开始思索怎样才能让原本不记日记或日志的人开始记录呢？我觉得如果只是单纯地告诉别人去记录，人家未必会这么做，就算做了也未必会坚持下去。

曾经也有人给农民发电脑，让他们完成一天的蔬菜种植之后在电脑上记录一整天的农耕作业。但我也是农民，我了解让劳作了一天的农民再花费近一个小时的时间去打开对他们来说生疏的电脑作记录是多么痛苦的事情，所以我对这种方式并没寄予多大的期望。记录很重要，但对于农民来说，在百忙之中

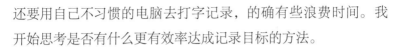

还要用自己不习惯的电脑去打字记录，的确有些浪费时间。我开始思考是否有什么更有效率达成记录目标的方法。

当时，采购方要求我们提供蔬菜的历史培育记录。另外，我们在获得有机认证的时候，也被要求提供培育记录。所以，生产者要按照规定的格式每天手写记录，然后蔬菜俱乐部的临时工再将这些手写记录输入到专门设计的电脑系统中。之后，为了保证肥料和农药的使用量和使用方法不被外人所知以及不致泄露出去，我们又改变了组织全体的系统，让生产者全都开始记日志。

坚持记日志多年后，曾经在同一问题上重蹈覆辙的生产者也有了改善。更让我惊讶的是，如今这些生产者的产品品质在蔬菜俱乐部中已经属于上等水平，赢得了客人非常高的评价。我从这些经验得出，"在农业领域取得成功的第一要诀就是要记日志"。

2. 保有"人生=农业"的价值观
——工薪阶层的心态无法做农业

▶ 去田里的次数越多，蔬菜品质越好

我觉得有很多法人开始参与农业时最苦恼的就是无法摆脱"工薪阶层的心态"。从总公司派来的法人，就常常会被总公司的规则所限制，即便没有，怀着"朝九晚五"的想法也是没有办法做和农作物相关的工作的。

农作物每一天的成长情况都会随着天气和气温发生变化，在有限的时间内是没有办法好好进行管理的。虽说不需要 24 小时都看管，但常常和农作物融为一体的感觉是非常重要的。

农作物每天都会发生变化。小松菜一天最快可以长 5 厘米，可能早上才刚刚成形，但到了傍晚就过于成熟，而无法供货给市场。

这种生长很快的蔬菜，每时每刻都在发生变化，而且病虫害也是时刻都可能发生。只有经常观察，在早期阶段发现细微的变化、尽早处理，才能预防病虫害的爆发和蔓延。

我是做有机农业的，非常清楚这样的观察对于减少农药的使用来说有多么关键，可以说与有机农业是息息相关的。对非有机农业来说也是如此，观察力的提高有助于控制农药和材料等的成本。

观察力差且大量使用农药的农民，是在大家都看得出来农作物发生病虫害的时候才急急忙忙地使用农药；农药使用量较少的农民，则是发现前兆的时候就马上应对。这样一来，快速应对的农民使用的农药更少，种植的农作物也更安全，且因为花费的成本更低，利润也就增高了。而且这种观察能力，还会随着去田地次数的增加，而变得更加敏锐。

▶ 危机来临，果决和高效的执行力才是关键

刚开始独立创业的人每天都很紧张，时刻都在体会着给别人打工时体会不到的紧张感。

其实不仅仅是农业，在其他行业刚刚起步的时候也都会一边肩负着公司当中核心职位的责任，一边推进项目的进行，经常会有因为不安、担心而辗转反侧的情况。

我觉得，为了成功而失眠是非常重要的，因为这是一种在应对危机时健全的风险回避能力。因为有责任感，所以才会对明天农作物的情况感到不安。这种不安是一种良性的危机感，是为了预测各种各样的风险而事先采取行动的准备活动。农业做得风生水起的农民都非常擅长与这种危机感为伴。"下雨的话怎么办？要是一直不下雨怎么办？"他们会像这样提前考虑各种各样的情况，并做好相应准备。

在某一家教育公司举办的研讨会上，有一个专题是讲防卫机制。

防卫机制是指自身陷入危险的时候所采取的一些自我保护的行动模式。其中有一项叫作"过度补偿"，它是指在你感到不

安或没有自信的时候，会因为担心而采取一些非必要的动作，以此让自己获得安全感的行动模式。虽说大家会认为这种"过度补偿"对于经营者和经营领导是必要的，但对农业来说也是不可或缺的。

抱有良性的危机感，并且拥有果敢和高效的执行力，对生产优质的农作物至关重要。

▶ 把临时工的眼睛当作自己的

用自己的眼睛认真观察固然重要，但仅仅靠自己的眼睛在时间上和品质的提升上都会有局限。这个时候就需要你活用公司其他员工和临时工的眼睛（观察力）。如果只把员工和临时工当作单纯的劳动力，就不会有细致的观察。

2006 年成立的番茄生产农场桑格蕾丝，是从一批农业小白起家的。当然，他们也会去番茄农户那里实习，也会得到蔬菜俱乐部的其他番茄农户的帮助，所以技术不断提高，生产活动也进行得十分顺利。

但不止于此，他们还设立了由临时工汇报番茄变化的工作模式。如果进行作业的临时工发现了什么变化或者是奇怪的地方，就会在休息的时候，或是完成作业后进行报告。这样一来，管理者就能事无巨细地进行管理，早早了解到病虫害和变化的发生，提高生产效率。

为了能够像这样不仅仅把工作人员当作单纯的劳动力，而是让他们具备观察能力，就需要管理者和经营者率先学习如何观察，然后再教给他们。这样就具备了倾听一线工作人员说话的能力。

　　经营者单方面的语言输出只会让一线的工作人员放弃思考，所以要努力地聆听一线的声音、了解一线的状况，和工作人员融为一体。

3. 1 个人最多能管理 10 个人

▶ 1 个人能够管理的人数是有限的

有一个法则叫作有效管理范围，指的是一个人下达指示命令后下属聆听指令并高效率地维持管理组织的下属人员的临界人数。据说，1 个人能管控的最多人数是 10 人。

当进行超过 10 个人的农业经营管理时，就需要新的组织运营能力了。所以，先将人数扩大到包括自己在内的 10 人的经营人数最大值，我觉得这是一种非常高效率的农业经营活动模式。

看一下蔬菜俱乐部的会员农户，他们大致上也是以经营者为中心，再加上在职员工、临时工和实习生在内的 10 个人左右的规模，不论是农作物的品质，还是收入所得都非常出色。这样的规模，使得经营者能够照顾到包括人员管理、工作管理、农作物管理的所有方面。

当在职员工和临时工超过 10 人之后，就要从中选拔骨干员工进行教育培训，然后形成由骨干员工管理临时工的金字塔形组织管理模式。若不这样进行组织规划的话，一旦人数增多最先显现出来的就是人际关系的问题，紧接着就会引发产品品质的下降。接下来就会出现浪费从而导致利益受损，影响到销售额。

▶ 了解沟通的重要性

人数增多就会发生各式各样的人际问题，从性格合不合的个人问题到不打招呼的分歧，再到工作有没有交代过这样的组织层面上的交流问题，要是对这些人际问题置之不理，最终会影响到业绩。

组织层面上的交流问题主要包括，当天工作的完成情况、交代过的事情完成得如何等这样工作上的汇报，还有活动、计划、规划等的通知，以及与决策相关的探讨等。这些都能够顺利传达的话当然没有任何问题，但要是因为人际关系的问题而导致沟通掺杂着个人感情就会致使工作内容无法准确地传达。而工作内容无法准确传达，就会出现工作上的失误。个人的沟通问题如果会影响到工作的话，就很难将工作和个人生活完全划分开了。

现在很多大型企业都开始恢复原本中止掉的公司内部运动会和娱乐活动了。出于工作和个人生活完全无关的想法而中止的那些活动，最后都会引起公司内部沟通的问题，甚至还会影响公司业绩。

实干的农民都非常重视和员工工作以外的交流，会谈到个人的家庭问题，还会和员工家人一起吃饭。像这样对员工的个人生活有所了解，就会了解到其更多的背景，这样才能更好地理解员工所表达的意思，要是出现了什么问题的话，也能更及时处理。

比如，有员工因为孩子的问题而苦恼，那自然在一段时间

小组讨论提高沟通能力

内就容易在工作上犯错误。要是能理解其背后的原因，就能预防该员工在工作上的疏忽。沟通的好坏是影响农业经营非常重要的因素。

4. 先定好自己的规模吧

▶ 过分扩大规模，生产效率就会恶化

和其他行业一样，农业也存在比例平衡的经营规模。不论个人能力有多强，一个人能管理的农作物面积是有限的。无视这个限度一味地扩大规模，就会导致生产效率下降，造成无意义的浪费。

作为农作物的管理者，当引入雇佣劳动机制后，会努力摆脱农耕一线的作业束缚而去扩大栽种面积，但这也是有局限的。我依个人的经验就深刻地意识到了这一点。

以前，一旦客人有需要，我就马上付诸行动，投资扩大规模。销售额的确上涨了，但一线的工作人员每天都要忙于农耕作业，没有办法积累关键的技术。因为实在是太忙了，员工就会提出辞职，这样一来技术无法累积的状况就会持续下去。从几年前开始，我改变了经营方针，压缩种植农作物的种类，只种我们擅长的农作物。从结果来看，虽然还是存在一些问题，但和过去相比，员工不只埋头苦干，也能更好地积累技术，确实改善了农耕一线的状况。

▶ 即便辛苦也专注于一

人有局限，投资也一样。勉强地过剩投资，固定成本就会增加。如果不进行管理者和工作人员的人才培养，固定成本却在上涨，就会打破平衡。不仅是农业经营，对其他行业而言也是如此。破产的公司大多不进行人才培养，只是一味地扩大规模，并且盲目地涉足完全不同领域的其他行业。

我举一个泡沫经济时期的例子。一家建筑公司经营范围涉及公共领域和私营领域，其中不仅有建筑行业，还涉及房地产、酒店经营、公寓经营，之后还开始参与完全不了解的餐饮业和配送行业，最后甚至还开始参与电影制作，在广播和电视上投放大量广告，规模超过了很多大型相关企业，一时成了时代的宠儿。但随着经济泡沫的破碎，这家公司的命运也在瞬息间转变，新投资的餐厅没了客人关门闭户，丢了配送的招牌，酒店也换了老板，过去的辉煌不再。虽然这家公司在建筑业是专家，但在其他领域却是小白，完全没有掌握经营要点。

农业也是如此。只在一件事情上追求到底是辛苦又枯燥的，但最终却会有所收获。参与很多领域、扩大与农业无关的事业，就会重蹈那家建筑公司的覆辙。先定好自己事业的规模，然后形成可实现持续性生产的组织结构，我觉得到时候再扩大规模也不迟。

即便手头有钱，设备资金也要采用借款

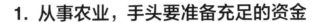

1. 从事农业，手头要准备充足的资金

▶ 农业活动一旦开始，最初会只花不赚

和其他行业相比，农业最大的不同之处在于它做的不是现金生意。如果是加盟到一个连锁餐饮店，那么经过几个月的实习就可以开门营业，开始之后每天都有客人。因为客人消费基本上都是即时支付，所以店面每天都有现金入账。而采购食材的费用通常都是月末结算、下月月末付款。

粗略计算一下，一家店的日营业额是 20 万日元的话，一个月就有 600 万日元的现金到账，到下个月月末支付采购食材的费用之前，手头就能有 1200 万日元的现金。因此，餐饮业或是超市这种现金买卖的行业，只要味道和服务好就会有客人，手头的周转资金就可以当作下一家店铺的预备资金，再开设第二家店铺并不是什么难事。这种模式就使得现金买卖的行业可以一下子开设很多店面，壮大公司规模。

那农业呢？农业的开始需要耕种的机械和工具。土地、肥料、秧苗、人工样样都需要现金。好不容易播了种发了芽，到收获之前，生菜需要 2~3 个月，番茄需要 4~5 个月，而蒟蒻芋头需要 3 年。终于发货了，却还要再经过几周到一个月才能收到货款。而在这个过程中是完全没有收入的。假设明天就要收获了，但今天遭受了冰雹或台风等自然灾害，那所付出的一切就都白搭了。

农业就是这样一个从播种到供货的过程中，只有支出没有收入的行当。因此，不论是刚刚开启农业还是要培育一种新的作物，没有相应的资金是无法运转的。从我的经验来看，手头一定要有充足的资金。

▶ 以自有资本比例达到 30% 为目标

要是这样比较现金买卖和农业，就能明白两者的现金流也是完全不同的。农业无法像其他现金买卖那样迅速成长是因为这种模式的差异，而绝对不是因为农民不具备经营能力和经营感觉。无视这种现金流的差异，不进行人才培养，却一味地扩大规模，对农户来说太危险了。

不论是今后要开始涉足农业的人，还是打算扩大现有规模的人，都要好好设立资金计划。特别是农业领域经常有大量库存，很容易在快速发展的时候因资金无法回笼而招致破产。中小企业的自有资本比例会保持在 25% 以上，若达到 30% 以上则是非常优秀的体制。有很多优秀、健全的农业经营者都没有贷款，当然我们也要以此为目标。 但即使在开始阶段因为投资设备、提高销售额等需要现金而导致自有资本比例一时有所下降，我觉得像中小企业一样努力将自有资本比例提高到 30% 还是非常重要的。

2. 即便钱有富余，设备也要用贷款来买

▶ 投资要使用长期资金，一定要确保手头的资金充足

农业和其他行业资金的运转方式不一样，但国家制度中存在着向农业低利率长期贷款的模式，其中一个就是由日本政策金融贷款机构提供的超级 L 资金。这是一项对农业初始阶段扩大事业、投资新设备等非常有利的资金。另外，根据所在地区不同，也会有各自的农业创业的零利息贷款制度，最大限度地利用好这些制度非常重要。

虽然我并不认可轻易地去贷款，但以适当的形式调配资金对整个农业经营来说至关重要。特别是拖拉机等设备、仓库、大棚、操作间等设施，都要好好利用这些资金。

这都是我亲身得来的经验。正好是石油危机那个时候，我父亲当时经营着我们家的农场，销售额上涨，手头上有很多现金。紧接着我们打算扩大蒟蒻种植规模，建造了蒟蒻储藏仓库。当时花费超过了 1000 万日元，用的全部是手头的现金。其实当时是可以使用政府对于设备投资的农业资金的，但我们没用。

第二年发生了非常严重的冰雹灾害。种植的蔬菜全部化为乌有，唯有蒟蒻芋头幸免。接下来一年发生了比前一年损失更

为严重的冰雹水灾，我就读的小学被泥石流冲垮，导致我很长一段时间不能上学，政府甚至出动了自卫队来进行灾后复原工作。那一年，我们种的蒟蒻芋头也被冲走，全年收入为零。

肥料费、材料费什么的自然是付不出来，最后从国营贷款机构贷了灾害资金，又从农协那边贷了一些钱。投资设备的资金其实是可以长期以低利率来贷的，但这个时候我们贷的一般款项利息又高、条件又苛刻，当时的利率超过 8%。可以说，我们为了偿还款项及利息、重新实现经营真的是花了不少时间。

要是当时建造仓库的时候，不用自己的钱而是利用政府提供的设备投资资金的话，手头就能留有现金，我们也就不必以高利率去贷款了。那样我们就能以较低的利率长期贷款，更快重建我们的经营系统。过去无法改变，但通过这件事我却学到了资金的使用方法，今后用于经营也是会带来不同效果的。对我而言，这次的经历不论何时在农业领域都是一次非常宝贵的经验。

但我前面也写到了，贷款经营不能算是好事。靠自己公司赚的钱去发展公司才是硬道理，我们也要以这样的目标去努力。

3. 需要多少创业资金

 从零开始的情况

要是从零开始做农业的话，那需要准备的还是很多的。一般都说经营三要素是"人、物、金钱+信息"，其中"人"最为关键，接着是"信息"，最后才是设备资金和运转资金。能用自己的钱来作为设备资金和运转资金是最理想的，但一般来说很难有这么充裕的资金。

初始阶段设备的投入靠政府提供的设备资金，之后即使库存资产和应收账款等运转资金的需求靠短期贷款也能凑合过去，但这之外必备的人工费、教育费、设备顺利运转之前的调节资金等这些临时借款都会对今后的经营产生压力，所以自己手头有充足的资金来做这些准备非常重要。

以我从零开始建立番茄生产公司桑格蕾丝的经验来看，建造设备的各种预备资金、与地方调整管理相关的人工费、员工学习栽培技术的实习培训费、设备顺利启用的小额维修费用、预想之外的非常规事件处理费、农作物顺利栽种前操作和组织结构的形成资金、提高设备效率的研究费用等，创业初始阶段的费用基本和一年的销售额持平。我觉得至少这些资金还是要自己事先准备好。

农业不是现金买卖，很多看不见的地方都花费了大量的运转资金。因为看不见而没列入计划，设备即便改良了但运营层面却无法改善和维持的话，那原本计划的操作也就实现不了。因为无法使出全力，所以就要多花费一段时间才会实现盈利。

▶ 要是有技术积累的话，创业资金可以少一些

但是，也有不怎么花费创业资金的办法，那就是创始人已经积累了一定程度的农业技术和管理技术。今后想要独立创业的人就在优秀的农户那里长时间地实习、掌握技术吧（因为员工只能学到工作的一部分，作为实习生学习技术很重要）。另外，要是企业参与农业的话，就联手那些当地有才华的农民吧。

如果掌握技术的人去学习经营，然后再将这些融入农业领域，要比毫无技术积累的状态节省很多创业资金。

"将经营感觉融入农业领域"非常重要。有农业技术在身再去学习其他行业的经营感觉，和具备其他行业的经营感觉再去学习农业技术，比较这两种情况的话，哪一种更花费时间和金钱呢？我坚信一定是学习新的农业技术要更花费时间和金钱。

也就是说，常年务农积累的技术和知识难以取代，换算成金钱的话，相当于所在领域一整年的销售额。但遗憾的是，在如今的农业簿记和会计中，资产负债表上并没有这一项。这也是农业技术、知识、经验被轻视的原因。所谓"将经营感觉融入农业领域"，只在有农业技术傍身的条件下才能发挥作用。

4. 募集具有理念的钱

▶ 员工和客户成为股东

　　公司有经营理念，我觉得资本也要有理念。为了实现公司的目标（理念）而将资金、人、技术汇集在一起形成组织、实现经营，完成一个人无法完成的大型工作，我觉得这就是股份有限公司。

　　这时，最重要的就是公司的目标（理念）。和公司有共同理念的人会出资、提供劳动力、提供知识和技术。如果是基于股票市场投资专家的股票买卖和个体投资家的交易模式而出资，目的就会变成"短期回报"，但那并不是公司原本的目标。虽然股份有限公司的目标各不相同，但归根结底，不应该是靠实业（加工、服务）创造人的幸福和价值吗？

　　并不是说追求经济利益不好，但从农业领域来看，现在那些靠钱生钱的产业都过于复杂，已经脱离了实际。虽然投资专家以金钱为工作目的无可厚非，但我认为和公司拥有共同理念的人以出资、提供劳动、知识、技术的方式参与其中才是农业股份有限公司。

　　我们的公司就有很多人参与投资。作为董事长，我当然持有股份，但农业经营投资公司、我们的股东、员工和临时工也都有出资，有些客人和与我们有着共同理念的合作伙伴也为公司出资。虽然一些有利于稳固经营的资本政策是必需的，但更应该从自己全权掌握资本、由自己全权支配公司经营到人事管理的想法中跳脱开来，提高作为经营者的思想、能力和技术，汇集各方面的能人和有理念的资金，统合组织去经营农业，这样才会不断涌现出志同道合的人成为股东。

我认识的一位农业法人就发行了农产品分红股，以此从客户那里预收资本来经营。我们的公司也一样，会通过向我们的支持者发行有农产品优待权股份的形式募集资金。

发行股份来募集资金是作为经营者来保管其他人的财产。我觉得这和个体经营相比承担着完全不同的责任，与公开的公司运营相关，与员工的幸福相关。而且，通过发行股份所募得的资金与贷款不同，全部当作公司的资本金会提高自有资本的比例，成为经营的基石。

5. 看不见的资产创造利益

▶ **珍惜折旧后的机器和设备**

各行各业都要好好使用资金，特别是农业领域，最大限度地利用陈旧设备与利益直接挂钩。参观那些赢利的农场时会发现，他们都会好好调配旧的机器、运用自如。虽然最近我们的农场也常常购入新的机器和设备，但如果能买到二手设备的话，就会用二手的。

之所以有些机器和设备需要购入新品是因为没有二手的。就算要买新品，也不要单纯直接采购现成的。先看看自己的公司能不能生产制造，或者是否可以对一些设备进行改造等，在此基础上再决定是否采购新的机器和设备。只有这样才能减少初始成本，提高生产效率。我们公司就自己开发了蒟蒻芋头的移动种植机，还研制了真空冷却机和蔬菜用的蔷薇冷冻冰柜。我们正是凭借这样的努力以最小的风险实现了新产品开发和特色服务。

我再介绍一个由旧物改造带来的特色服务的例子吧。应该很多人都知道 BIKKURI DONKEY 这家肉饼店吧。我以前听它的创始人庄司先生说过，这家店是以以前的乡村风格为基调，斜斜地贴上旧旧的铁皮，再用一些旧物件来装饰，以此打造店铺的风格。虽然还没有上市，但已经在日本全国范围内拥有超过300家店铺了，而且还在北海道经营着自己的牧场。据说店铺供应的乳制品都是由自家牧场的牛奶制作的。庄司董事长说的那些话我还记忆犹新：

"BIKKURI DONKEY 在北海道创业的时候资金不足，于是我们就收集了一些废旧材料和遗弃的铁板，以自己的风格加以帅气地利用，总之没花什么钱就完成了店面的装潢。在资金不足的情况下完成的这个风格反而收获了很多好评，打开了市场。因此，如今为了不忘记我们的创业精神，店里也会尽量使用一些二手材料，店面布置上也使用一些旧物件，下足了功夫。"

▶ 资产负债表上没有体现的"农业技术"

我在前面也提到过财务报表的资产负债表当中是没有哪一项可以计算技术积累或是进行技术评价的。在其他行业可能有"预估收益"这个指标，但对利益产出而言，最重要的农业技术却没有这项指标。因此，就像我反复说的，农业技术非常容易被轻视。

一旦技术得以提高，就能以较少的经费实现更大的收获，也就是损益计算表上所体现的"利益"。那样的话，管理者观察农作物后所作出的决策以及一线负责人每一天作业技术的积累就尤为重要了。

　　在当今的农业热潮中，忽略技术企图只依靠设备投资获利的现象随处可见，但这只会消耗折旧费，无法真正获利。可以说，农业技术才是最大的无形资产，而且因为技术依附于人，所以能者的工作能力才是重要的资产。

准则七

活用个人和组织的
"管理方针手册"，持续产出利润

1. 配合着规模的扩大调整经营模式

▶ 必须结合规模改变经营风格

说到农业经营方式，既有家族式经营，也有法人代表式经营；既有大型经营，也有小型经营；既有多项经营，也有专项经营。在各种各样的方式中，经营者的生活方式和想法对这些决策有很大影响，可以说最终都是由顶尖的哲学思想决定的。

我是从家族式经营起步的，现在的团队中大概有 130 名员工。在经营过程中，处于不同的成长阶段时，我们也在员工人数和管理方法上碰了很多壁。经营规模扩大后却仍然以家族式经营模式运行的话，组织也就丧失了功能。但事实上，即便我们都明白这些道理，也很难作出改变。

随着组织规模的扩大，我明确了新的经营理念，制定了新的经营方针，制作了能够进行年、月、周以及每天的计划和进展管理的方针管理手册，并且让全公司职员共同致力于公司方针和计划的制定。社长当然要不断学习，但同时也要加大对员工的教育力度。原本家族经营时单纯采用自上而下的管理方法，经过不断积累后，逐渐变成了自上而下和自下向上并行的管理方式，形成了全员参与型的组织模式。

在达到现在的规模之前，我们也碰到了各式各样的难题。

从家族式经营起步，我们遇到的第一个关键节点就是在管理规模超过 50 人的时候。那时候迫切需要改变的就是社长的管理风格。创业初期都是自上而下式的一个人管理所有，但随着规模的扩大，就无法做到一人管理一切、决策所有了。

由个人能应付得来的规模，发展到需要借助其他人协助的规模，再发展到需要借助其他人眼光的规模，接下来就是需要借助其他人头脑和能力的规模。

以我个人的经验来说，当员工超过 30 人的时候就会开始显现一些需要转换最高决策者管理风格的征兆了，等到超过 50 人的时候就到了管理风格变化的分水岭了。我问过其他中小企业家同盟会的经营者，他们也觉得那个时候就会发生经营方式的变化了。同盟会的伙伴们和我个人也都是不断对教育公司以及松下幸之助老先生说的"尊重个体的经营""全员参与式的经营""全能模式的经营"进行实践，才实现农场经营运转的。

▶ 家族式经营，销售额 3000 万日元

家族式经营的效率是非常高的，因为每天吃饭的时候大家就可以探讨、开会，全家人都掌握着经营内容，都朝着一个目标努力。即便农作物的状况不是很好，大家也都能一起承担，共渡难关。只要能确保一个好的销售地，大家就埋头苦干，种植出品质优良的农作物。

这个时候，全家人都努力朝着梦想前进非常重要。比起管理，一线作业的效率更直接地与经营相关。但要是家人中

有一个人病了或受伤了，就会对经营内容产生直接影响。要是签订了种植合同，还可能引起包括交易商在内的外部信用问题。而且，大家都专注于眼前的生产工作就会导致信息接收不足，对未来没有部署规划，种植的农作物一成不变，变得越来越穷。

家庭构成不同，生产的内容也不同，所以这个阶段与其说是在满足客人的需求，不如说是为了自己的家族形成在务农。

▶ 家族式经营——10 人规模，销售额 3000 万~1 亿日元

员工规模未超过 10 人时，家人自己就可以处理好所有的工作。因为工作量也不大，白天在地里，晚上在工厂，下雨的话就处理一些管理上的业务，是一种一人多功多劳的状态。

因为要做各种各样的工作，所以附加价值也没有那么高，然而设备投资开始需要花费金钱。但当时还远远不能支付足够的工资。

那时主要聘请临时工。因为在当时（1989 年）农业是"3K 产业"，并不受待见，就只好拜托熟人介绍临时工来工作。劳动环境和社会保障体系尚不完善，每天都处于我和父母来管理、临时工来工作的状态。总之，就是家人的努力直接反映出业绩上的规模大小。

也就是那个时候，聘请了如今已经是股东的水原和君田以及股长熊田，另外从信用合作社辞职的妹妹作为审计在会计和总务职位上都给予了我们很大的帮助。那时聘请的人后来都成

了我们最核心的骨干员工。

这么一想，是那些在初期小规模的时候聘请的人，之后和我们一起工作，也是他们支撑着公司后来的成长。在创业初期和小规模的时候一起努力过的人才都是宝贵的财富。

▶ 10~30 人规模，销售额 1 亿~3 亿日元

达到 10~30 人规模的时候，我们就从临时工中选拔了一些人录用为正式员工，给他们缴纳了社会保险，开始提供一些初步的福利待遇。也选了一些外人来当负责人，但做决策的基本还是家人。虽然也把财务报表公示给员工，并开始制定了经营指南，但仍处于社长一人制订经营计划书后再给员工展示的阶段。

实施推进的仍然是强硬的自上而下式管理，并没有调动起员工的自主性。负责人也没有那么强的责任感，还是完全按照我和我家人的指示在工作。我在经营管理的同时，也要顾全整个大局。生产效率得到提高，人工费和其他费用花得也不多，这是一个效益最高的规模。

以个人的经验来看，我觉得这时候是一个分水岭，看你是想今后仍然以家人为核心发展经营，还是想让外人居于重要的位置来发展公司。不作出决策只是一味地扩大规模的话，那企业的经营就不是面向成长发展，而只是单纯地扩张，最坏的情况甚至会导致破产。

我那时候是想和那些真正热爱农业的人一起工作下去，所以就决定委他人以重任，推进今后的发展。但同时，我也在烦恼如何实践"全员参与式的经营""尊重个体的经营"以及为了

实现这两者的"自主管理型员工的培养"等问题。

那个时候聘用的人都不是农民出身，而是出身于工薪阶层，但却有着经营农业的热情。而且他们都不是应届生，大部分之前都工作过，马上就作为即时战斗力活跃在各自的岗位上。

▶ 30~50 人规模，销售额 3 亿~5 亿日元

当达到 30~50 人规模的时候，工作人员大幅增加，销售额也按照设立的经营计划书实现了等比例增长。但因为人工费增多，所以并没有像设想的一样获利。

与此同时，人际关系问题以及担任重要职务的负责人离职陆续发生。而且，销售额的增长也带来资金周转的增速，出现了手头现金不足的情况。此时，创业初期那种社长一个人事无巨细自上而下的管理风格开始不管用了。

在家人和几名骨干员工的努力下公司得以维持，最初录用的几名员工也开始担负起责任，但却不清楚对这些责任负责该做些什么，反正还是靠几个骨干的努力在运转。

接近 50 人规模的时候，我们开始招录应届毕业生。

因为想从事农业的学生增多，他们也开始进行农业实习，我们就录用了这些人。但公司方面却没有建立完备的人员体制，出现了很多问题。

▶ 50 人以上规模，销售额超过 5 亿日元

当员工规模超过 50 人的时候，"绿色生活"的经营出现了

赤字。而其中的原因就是我们依然采用 10 人规模时候的管理方式，完全依照我个人的决策扩大事业规模，对例行工作也是完全依照详细的指令在一线完成。只靠努力的态度去工作的局限日渐显现出来，核心员工离职、技术外流、无用的经费增多。

那时候，我和中小企业家同盟会的伙伴谈了谈。

"为什么销售额增加了，但利润却不见长？"

"在制造业，员工达到 50 人、销售额达到 5 亿日元时也会迎来转型期。没达到 50 个人的时候，大家努努力什么都能解决。但要是超过 50 个人了，就要形成组织，不明确分工只是一味扩大规模的话，持续下去就会破产。组织！形成组织！"

我恍然大悟。以前有需要的时候，都是我一个人去外面搜集信息、接受培训实习，员工们是没有这样的学习机会的。我下了指令，但一线的员工们却并不知道如何去接收、消化这些指令。

这时候我开始反省，正式引入了员工教育培训。

我会让骨干员工去参加那些我曾参加过并且认为不错的培训，分别派他们去参加东京的教育公司的研讨会。

我对工作的思考方式以及员工工作的自主性进行了学习，引入了组织形式的管理方法、会议制度和早会，并且定期组织全体员工参加公司的内部学习会。全体员工都一边进行交流分析，一边定期对人际关系的处理进行学习。

另外，我还参加了中小企业家同盟会组织的新入职员工研修培训，和同盟会的伙伴们一起规划了一年四次的员工教育例会，在全公司范围内开展针对工作以及组织模式的学习。

制订下一轮经营方针的农场员工们

通过以上的活动，人际关系问题得到了极大的缓解。那之后，我和一些骨干一起在同盟会的经营方针制订会上制订了今后的方针和计划，而且使用自己公司制成的方针管理手册，之后还开展了进展管理。

就这样，慢慢地开始了经费、员工以及工作的管理。不再只是简单的自上而下式强硬的管理，还包括向全体员工定期发放调查问卷、听取他们意见的自下向上式的组织模式。

这时候应届生和临时工就成了我们主要的聘用对象。也正是从这个时候开始聘用和公司有着共同经营理念和态度的应届毕业生。

虽然最开始聘用应届生时公司内部的员工教育进展得不是特别顺利，但每一年都持续采用"老人带新人"的模式，同期进入公司的员工之间也产生了关系纽带，人员的稳定性得以提高。这样一来，技术的储备也得以延续。

2. 构建员工能自主工作的系统

▶ 靠社长的理想和想法来吸引员工

为了激发员工的自主性,就要有适当的报酬、共同的价值观、工作的意义、基于工作意义的目的和目标,以及能够将自己判断的信息与其他人共享。将公司的方针计划目标、进展情况、农作物和农耕作业的情况等信息共享的话,员工就能独立自主地在一线进行判断并工作。反过来,工作的意义薄弱的话,作为农业法人的员工就无法长期工作下去。

最初进行蒟蒻加工的阶段,我们开始聘用外人,但那个时候的工作环境绝对说不上好。在这本书的介绍部分我也提到过,将君田录用为董事工厂长的时候,其实我们是不具备录用人的资格的,因为我们付不出来工资。即便君田是董事工厂长,即便在蒟蒻加工工厂有临时工,但那个时候一旦地里的工作忙起来,君田也要被抓去做除草、收蒟蒻芋头这样的工作,在工厂修建的时候还做过混凝土浇筑的活儿。

蔬菜俱乐部最开始录用的毛利作为专务董事事业总部部长也没有自己的办公室。 他在绿色生活租借的办公室里,一个人接电话,赶往农民那里去收蔬菜,并不是非常好的工作环境。

桑格蕾丝的竹内农场长在联合公司说明会上说"我想种番

茄"，我们当时正好要做番茄的项目，还不太清楚今后的方向但也录用了他。当时大企业也都在录用应届生，但竹内并没有选择条件好的大公司，而是来我们这尚未成形的地方就职。录用竹内的时候，我们尚且不是可以录用员工的公司，都是之后才匆匆忙忙地成立了公司。

也就是说，没有一个人是因为我们条件优渥才来的。

那为什么我们这样的环境，还是有员工来就职，来为我们卖力工作呢？虽然自卖自夸让人有些难为情，但员工们是这么对我们说的：

"因为社长对农业的坚定，还有你们对员工的关心。"

最开始，什么优渥条件都没有。特别是法人，和其他行业的法人比起来条件特别悬殊。就是现在我也不认为我们公司条件待遇特别好。倒不如说，责任虽然变大了，但是否能提供与之相适应的报酬还是个疑问。而且我觉得我们工作严格和条件严苛一如既往。

在这样的情况下，我觉得想让员工变好的思想、未来发展的前景和梦想、对公司预想的理念和理想非常重要。我认为这些会打动那些真心想做农业的人，会让很多人愿意为你工作。我非常感谢那些和我们有共鸣、兢兢业业的员工。

社长的理想和信念，想通过农业造福员工和客人的想法，以及所有为此付出的努力，我觉得这是我们唯一的资源。

▶ 使全公司动向一致的信息共享化

为使公司上下一心、朝同一个方向努力，必须实现信息的共

178

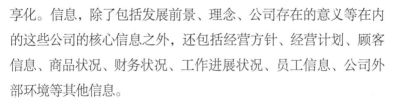

享化。信息，除了包括发展前景、理念、公司存在的意义等在内的这些公司的核心信息之外，还包括经营方针、经营计划、顾客信息、商品状况、财务状况、工作进展状况、员工信息、公司外部环境等其他信息。

最开始我给员工看财务报表的时候，内心十分忐忑，担心他们会不会看了这些内容之后，对公司产生幻灭感想辞职，或是忧心他们看到股东这么低的工资会怎么想呢。蒟蒻加工是我的第二次创业，当时我也会把私人的东西提供给公司，从而造成了一些公私混乱，导致很多事情都说不清楚。但慢慢有所改善之后，就开始向员工公示财务报表，现在我都是和骨干员工一起制作经营指导方针，这个阶段大家就可以一起面对公司的问题。

相互之间的信赖关系变得明朗，必须做些什么的共同问题也明确了。社长、骨干员工、一线员工和临时工都明白针对同一个问题自己该做的工作是什么，在各自的职责内都能相互配合。

报喜当然让人快乐，不报忧却也是人之常情。但是，"忧"中常常埋藏着成长的种子，将其与大家共同承担，让全公司都参与到解决问题中来，那样每个人都会主动地去对眼前的事情进行判断并且投身于工作。这样一来，员工就不是因为社长的指令才工作了。

的确会有一些员工看到公司不太好的信息而辞职，但那些留下来的员工却会加倍努力，多次在困境中对我施以援手。

3. 遵循"经营理念→经营方针→部门 方针→计划"的管理方针手册

▶ 制订经营方针并在一线落实

中小企业家同盟会在进行将"经营指针"明文化的活动。我是在 1994 年加入了同盟会,然后制订了经营方针。经营方针计划书由经营理念、经营方针、计划书和财务报表组成。经营理念代表的是公司存在的意义和公司的价值观;经营方针展示了为实现经营理念从公司内部及外部环境所看到的公司发展方向;计划书具体描述了为实现经营方针的"什么时候、谁、在哪、如何、做什么、怎么做、费用多少"等步骤。

即便完成了经营方针计划书,不深入一线的话,也不过是纸上谈兵。我们公司也有很长一段时间没有落实深入到一线。那时我是购入了各式各样的系统手册进行研究,然后将这些手册当作模板再结合自己公司的情况制订方针管理手册,慢慢落实下去。

对于将经营方针计划书落实到一线还有一点很重要的是,全体员工一起来制定并完成进展管理。当然,就公司的问题点发放调查问卷、进行各种各样的分析并制定面向全公司的方针,这些主要都是骨干员工来做,但只有由一线的员工来制订部门方针和具体计划,才能实现公司的状况和目的、目标的共享化。

接下来,每半年、每一个月、每一周再对这个方针进行进

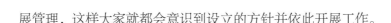

展管理，这样大家就都会意识到设立的方针并依此开展工作。

▶ 在农业经营中经营理念是必需的

公司经营过程中，落实经营理念非常重要。松下幸之助老先生曾说过："要是能确立经营理念，公司的经营就会成功。"

经营理念是阐述公司存在的意义和基本价值观的最好的概念，甚至可以说所有的经营活动都源自经营理念。而且日常的决策也都是基于经营理念，一旦这个理念出现偏差，员工对其理解出现了错误，那公司的经营就是错上加错。

我觉得农业领域的经营理念格外重要。即便梦想很伟大，但每一天的劳动却是平凡又普通，有时候甚至是痛苦的。顺顺利利的情况很少，总是要配合着大自然的变化进行劳动。如果那个时候被眼前的工作搞得手忙脚乱，心里一旦落了空就忘掉了初衷、失去了干劲儿，结局就只能是从公司辞职。

也有很多人怀揣着伟大的梦想来到我们公司，"我担心日本的饮食现状，我想通过农业来为改变这种现状作出贡献""现在正是农业千载难逢的好时机，想让自己的能力也发挥在农业领域"。 都是心怀梦想和志向的人，但遗憾的是有很多人辞职不干了。其中有些人是因为家庭、结婚之后十分惋惜地不得已辞职，也有很多人完全是农业的梦破碎了。

留下来继续搞农业的人和梦碎之后辞职的人，两者的不同之处在于，无论如何都坚持下去的人能跨过眼前的困难，拥有绝不放弃梦想的强大内心和行动力。同样地，辞职的人虽然也拥有过梦想，但眼前的困难剥夺了梦想之后，也就死了心。这种时候，越是有着多余的知识的人，越是在辞职的时候振振有词。我觉得究其根本，在于是否拥有坚定不移的价值观，以及是否对公司的理念有着深刻的共鸣。

农业的日常工作非常普通，一点都不光鲜，但是否坚定不移地怀抱着理念和梦想是人和人之间产生不同结果的原因。

▶ 农业中经营方针的制定方法

即便拥有经营理念，但若没有为实现理念而制定的方针，也不过是纸上谈兵。只高喊理念却没有实际行动，也将是一场空。可以说，连接理念和现实，或是理念和利益的正是经营方针。

经营方针既包括从现在的问题和成果等的分析中制定实现目的的方法，也有使未来规划和前景的构想应用于实际的方法。特别是农业领域的经营方针，虽然因规模和公司资质有所不同，但我觉得对现状进行分析、制定可预见的方针是比较易于理解的，而且这和一线技术的积累也息息相关。

▶ 运用 SWOT① 分析法来制定经营方针

分析现状制定经营方针分为制定中期方针和年度方针。首先

---

① SWOT：S 代表 strength（优势，强项），W 代表 weakness（弱势，弱项），O 代表 opportunity（机会），T 代表 threat（威胁，风险），其中 S、W 是内部因素，O、T 是外部因素。SWOT 是一种企业内部分析方法，企业根据自身的既定内在条件进行分析，找出企业的优势、劣势及核心竞争力之所在，从而将公司的战略与公司内部资源、外部环境有机结合。

要明确如今公司的经营内容（财务、客人、人才）、培育结果、销售、商品等内部信息的强项和弱项。然后，将公司所处的政治走向、业界动向、法律修正、社会环境等外部环境划分为有机会、可发展的市场和有风险、无发展的市场进行分析。

　　将公司的强项和外部环境中存在机会的交叉领域定位成"进攻领域"。

　　将公司的弱项和外部环境中存在机会的交叉领域定位成"未来发展领域"。

　　将公司的强项和外部环境中存在风险的交叉领域定位成"守护领域"。

　　将公司的弱项和外部环境中存在风险的交叉领域定位成"舍弃领域"。

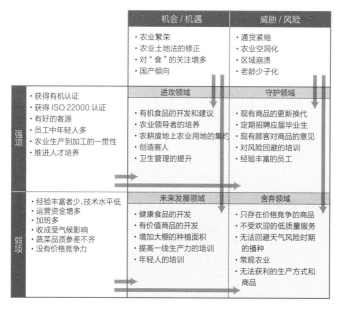

利用 SWOT 分析法提出的方针

我们将此称为 SWOT 分析法，为了贴近经营理念，把其中更紧急和更重要的项目设定为经营方针。把必须马上处理解决的部分列入年度方针，把需要时间才能实现的部分设定为中期方针，然后再将其细分为数年分别列入各年度方针当中。

▶ 培育方针的确立

特别是针对法人在数个团队进行农业生产的情况，确立培育方针格外重要。这样一来，团队整体的技术得以提升、个人单项的人才培养也得以推进，所以非常有必要好好地制定方针。

首先，在初始阶段列出在今年的培育当中执行得好的地方，将所有了解到的因素列入下一个阶段当中。然后，在罗列出的因素当中，将起到作用的因素列入第三阶段。数次分析因素中的因素过后，将其作为之后如何强化的具体的行动方针。

人往往只关注做得不好的地方，如果对好不容易得到的成功因素不好好加以确认，就失去了收获成功的经验。另外，当第二年情况发生改变的时候，如果不好好把握成功的因素，将会导致管理不当，产生问题。

接下来，在初始阶段列出执行得不好的地方，探讨每一个经营不善的项目的原因，同时将其列入下一个阶段当中。然后，在探讨的原因中继续探究其根本，列入第三阶段中，明确真正的原因究竟为何，再建立解决的具体对策。

在总结归纳阶段究其根源，然后从觉得最为重要的项目中确立解决的方针。只要能解决培育方针中最重要的部分，我觉

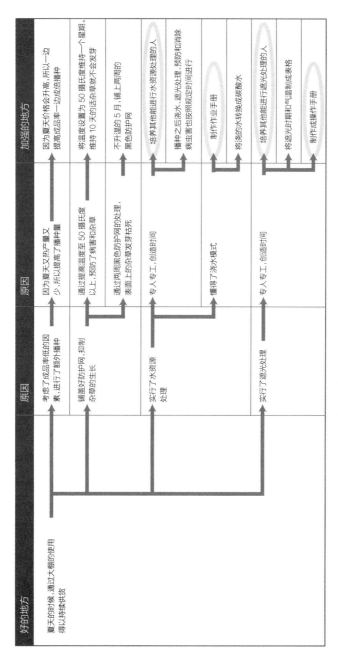

通过三个阶段的因素分析，确立培育方针

得其他的原因也自然能解决。也就是说，先找到众多问题中最重要的那一个，彻底解决它。

像这样，针对已经确立的方针，反复进行规划、执行、反思、制定对策、实践、验证，然后确认进展。设定计划（P，Plan）、执行（D，Do）、验证（C，Check），然后基于此进行改善和轨道修正（A，Action），循环 PDCA 这一流程，最终完成方针。

▶ 经营计划是在一线制定出来的——农业，一线是立命之本

经营计划除了包括预计利润表、预计资产负债表、预计现金流量表所组成的各种财务计划报表之外，还要有销售计划、培育计划、商品开发计划等各种行动计划。

这些计划书都是一线的工作人员基于经营方针完成的，完完全全是个人的东西。若是在商品制作出来就有销售市场的时代，社长或是上司们设立的计划由员工来执行的话可能还会发挥效用，但在如今这个商品过剩的时代，员工发挥不出能力的话，就很难完成计划。

行动计划的设立，与自家新建住房时考虑房间布局非常相似。制订行动计划就和考虑布局一样，哪里是厨房、多大的面积、安什么样的窗户、墙壁和天花板弄什么颜色、预算有多少等，是一份充满梦想、让人快乐的工作。但是，很大程度上都是社长和一部分上司在享受这种快乐，对于普通员工来说只是去完成这些规划而已吧。就好像我自己思考了房间布局和房屋

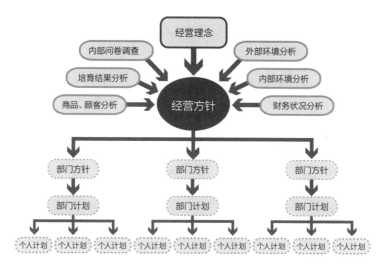

基于共同的经营方针,一线的工作人员制订计划

的结构之后,却和别人说"之后,就是你们来还贷款了"!

如果员工们只是按照社长设立的计划工作,原本的个人能力就无法发挥出来,也就不能主观能动地工作,那自律的生存方式也就无法实现。计划制订,理想的状况应该是一线的工作人员遵照依据公司方针制定的部门方针来完成的。这样,设定的计划就属于一线,进而也就和员工本身的生活联系了起来。

▶ 让财务计划、行动计划、经营方针三者联系起来

为了达成经营方针,财务报表的制定非常重要。如果不能将财务计划、行动计划、经营方针三者联系起来,那好不容易设定的经营方针也实现不了。即便将经营方针落实到行动计划当中,也会陷入没有经营数字的窘境。在完成经营方针的同

时，也达成了财务计划，这是最理想的状况。为此，我们要将财务计划、行动计划、经营方针三者联系起来。

针对财务计划，我觉得让专业的会计师参与进来也不错。我们公司从 1998 年开始就和"安心经营支援协会"中的会计师一起利用一个叫作 MAP 的系统来制订财务计划。首先，根据顾客信息和商品开发等信息来制订销售计划。之后，再针对从各部门收集来的变动费、固定费和人事费等确定各个项目。然后，加入投资计划和贷款的返还计划等。最后，确认收支和现金流的情况。得益于这样的计划书，我们就能够掌握一年后公司的财务概况，既可以放心执行一线制订的计划，又可以了解真正开始运作之后实际情况和资金计划之间的差额，从而得以分享更具体的信息。

▶ 由年度计划就能一眼确认到每月、每周、每天

为了能够在设定经营方针和经营计划之后再实际执行，就需要由年度计划能一眼确认每月、每周、每天的机制。

经常会有经营方针和经营计划制定得特别出色，但等到实际应用的阶段就忘了这回事的情况，最初设立的方针和计划等到下一轮要制定的时候一眼都没看。

我们公司也是有很长一段时间制定了经营方针计划书之后却忘了应用，为此曾尝试过很多办法，比如召开会议就经营方针进行发表，给每个人都分发方针计划书，但效果都不理想，并没有真正渗透到每个人的心里。

现在我们公司使用自己制作的方针管理手册，上面设计了

可以记录经营方针计划书（经营理念、经营方针、经营计划）、每月方针计划、每周方针计划的地方。利用这个手册，我们就能在每周、每月的骨干会议上针对制定的方针和计划进行进展管理，从而得以经常确认并执行已经确立的方针政策。

　　和农业一样，为了进行高效率的管理，需要使用一些便于管理的道具，而这些道具的使用方法就需要全员掌握。这些道具指的就是公司自己制定的方针管理手册和定期举行的骨干会议。

　　为了能够将进度管理的概念落实到组织当中，向管理培训研讨会派送一些员工也是很有效果的。

利用方针管理手册确认每周计划

2010年1月	一手是理念，一手是算盘

<table>
<tr><td rowspan="7">本周预计采购的物品</td><td colspan="3">对于下周、下个月的准备事项</td><td colspan="3">本周的改良点和反思</td></tr>
<tr><td colspan="3">准备制作公司内部报告
准备甄选蒟蒻芋头的种子</td><td colspan="3">上周未完成的计划制订</td></tr>
<tr><td colspan="3"></td><td>采购日</td><td>采购物品</td><td>金额</td></tr>
<tr><td colspan="3">本周预计物品采购和实际情况</td><td>1月8日</td><td>菠菜种子</td><td>3万日元</td></tr>
<tr><td>采购日</td><td>采购物品</td><td>金额</td><td colspan="3"></td></tr>
<tr><td>1月5日</td><td>8张防护网</td><td>2万日元</td><td colspan="3"></td></tr>
<tr><td>1月6日</td><td>腌制用盐</td><td>11万日元</td><td colspan="3"></td></tr>
</table>

议事方案、会议、会议记录

这里记录本周会议当中提出的议案和会议内容。
（少量制作资料，为了珍惜一线工作的时间，不必做没有必要的资料）

今年一周内的销售计划

去年的实际销售情况

今年的实际销售情况

今年每周的人工费用计划

去年的人工费用实际情况

今年的每周实际人工费用

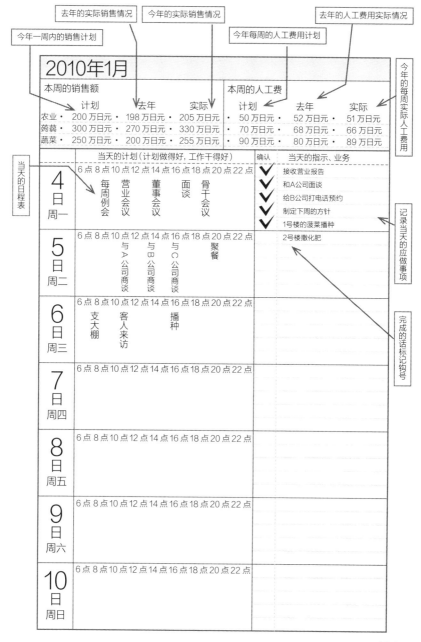

2010年1月

本周的销售额			本周的人工费	
	计划	去年	实际	计划	去年	实际
农业・	200万日元・	198万日元・	205万日元	50万日元・	52万日元・	51万日元
蒟蒻・	300万日元・	270万日元・	330万日元	70万日元・	68万日元・	66万日元
蔬菜・	250万日元・	200万日元・	255万日元	90万日元・	80万日元・	89万日元

当天的日程表

记录当天的应做事项

完成的话标记钩号

	当天的计划(计划做得好,工作干得好)	确认	当天的指示、业务
4日 周一	6点 8点 10点 12点 14点 16点 18点 20点 22点 每周例会 营业会议 董事会议 面谈 骨干会议	✔ ✔ ✔ ✔ ✔	接收营业报告 和A公司面谈 给B公司打电话预约 制定下周的方针 1号楼的菠菜播种
5日 周二	6点 8点 10点 12点 14点 16点 18点 20点 22点 与A公司商谈 与B公司商谈 与C公司商谈 聚餐		2号楼撒化肥
6日 周三	6点 8点 10点 12点 14点 16点 18点 20点 22点 支大棚 客人来访 播种		
7日 周四	6点 8点 10点 12点 14点 16点 18点 20点 22点		
8日 周五	6点 8点 10点 12点 14点 16点 18点 20点 22点		
9日 周六	6点 8点 10点 12点 14点 16点 18点 20点 22点		
10日 周日	6点 8点 10点 12点 14点 16点 18点 20点 22点		

191

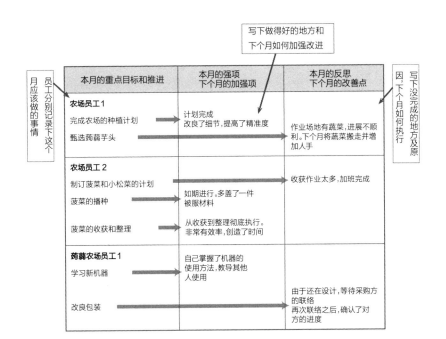

写下做得好的地方和
下个月如何加强改进

	本月的重点目标和推进	本月的强项 下个月的加强项	本月的反思 下个月的改善点
农场员工1	完成农场的种植计划	计划完成 改良了细节,提高了精准度	
	甄选蒟蒻芋头		作业场地有蔬菜,进展不顺利。下个月将蔬菜搬走并增加人手
农场员工2	制订菠菜和小松菜的计划		收获作业太多,加班完成
	菠菜的播种	如期进行。多盖了一件被服材料	
	菠菜的收获和整理	从收获到整理彻底执行。非常有效率,创造了时间	
蒟蒻农场员工1	学习新机器	自己掌握了机器的使用方法,教导其他人使用	
	改良包装		由于还在设计,等待采购方的联络 再次联络之后,确认了对方的进度

员工分别记录下这个月应该做的事情

写下没完成的地方及原因,下个月如何执行

192

结　语

▶ 农民个体户和组织经营的新关系

伴随着经济的高度发展，我们经常会听到"个人是组织的齿轮""个人是组织的一部分"这样的话。这种说法会给人一种消极的感觉，仿佛是组织在支配着个人，一个人实现梦想的能力和思考的能力这些都无法得到发挥。如果农业变成了一种无法让个人发挥出能力的行业，那一线的工作人员也就无法感受到在农业一线发生的变化，就算感受到了也不能及时应对处理，起不到效果。

我一直提到的员工自主工作的组织、能够民主地做决定的组织，都是一种"组织创造一种让农民发挥出能力的工作环境，农民个体户对组织也绝对忠诚，两者能够相互促进"的、较为理想的农民个体户和组织之间的关系。

为何一朗选手和松井秀喜选手能够在棒球领域如此闪耀，就是因为棒球这个组织让他们最大限度地发挥出了他们的个性和能力。谁都不会认为一朗选手和松井秀喜选手只是组织中的一个齿轮，就是因为他们在组织中展现出了个人120%的能力。

此外，组织能够完成个人无法完成的大型工作。个人独自去制作完成一辆汽车是无法想象的，即便能做到成本也过于高昂。但如果有组织，就可以分工、协作、专业化地合作，就可以像现在这样以低廉的价格生产高性能的汽车。

在现在这样一个高度发展的社会，正是组织和个人之间存在这样紧密的联系，两者的关系才显得尤为重要。农业也是如此，即便你是家族式经营的农民，进入某个组织当中完成你的任务，也会开拓你所擅长的领域并让你取得成功。

▶ 成功的关键在于"人"

我写了很多，但成功的关键还是在于"人"。总的来说，就是在农业领域不论成功还是失败，最终都是由"人"来决定的。不论是种植蔬菜，还是商品开发、卫生管理、食品加工、会计、营销、经营都是由人来完成的。提高种植蔬菜的人的种植能力，提高商品开发和管理业务的人的开发、管理能力，都关系到个人和公司的成长。同时，与这些能力相关联的沟通能力、能动力、个人能力等也都是农业领域的重要能力。

而且，一个人是从"一切皆有可能"的角度去看待问题，还是一开始就认为"什么都不可行"，也会左右最后的结果和成果。如果公司内部很多人都抱着"做不到"的想法，组织就发挥不出它的功能。如果是骨干成员总抱着这样的态度，那个人就会成为公司发展的瓶颈，最终导致组织的消亡。所以，对一切始终秉持着"我能行！"的态度非常重要。

听我这么一说，可能很多人会想"去做不能做的事情太没有责任感了"，这样想的人都只考虑了一个人当下的能力。所有的问题马上就要一个人去解决的话就会变得"不可能"，因为越

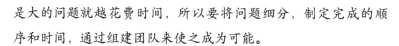

是大的问题就越花费时间，所以要将问题细分，制定完成的顺序和时间，通过组建团队来使之成为可能。

也就是说，常常从"我能行！"的角度思考，会开拓未来的可能性。

我们现在生活的世界是过去的人描绘的梦想世界。100多年前的人可能乘着飞机飞向天空、随心所欲地去其他国家吗？绝不可能。但在某一个时间点，以前的人们梦想的世界就成为现实了，是当时人们"我能行！"的想法让这个梦想跨越时空得以实现。

同样地，要是现在的我们用"我能行！"的想法去思考农业，就能靠自己创造未来。也就是说，未来在我们心中，公司的未来也同样在我们心中。"我能行！"还是"不可能"决定着一个人的幸福和公司的成长。

图字：01-2021-5125 号

Chiisaku Hajimete Nogyo de Rieki wo Dashitsudukeru 7tsu no Rule by Shoji Sawaura
Copyright © 2010 Shoji Sawaura
Simplified Chinese translation copyright © 2021 by Oriental Press
All rights reserved.
Original Japanese language edition published by Diamond, Inc.
Simplified Chinese translation rights arranged with Diamond, Inc.
through Hanhe International (HK) Co., Ltd.

中文简体字版专有权属东方出版社

图书在版编目（CIP）数据

从农户到农企：农业经营的 7 项准则／（日）泽浦彰治 著；赵洋 译. —北京：东方出版
社，2023.1
ISBN 978-7-5207-3003-7

Ⅰ.①从… Ⅱ.①泽… ②赵… Ⅲ.①农业经营—经营管理—日本 Ⅳ.①F331.34

中国版本图书馆 CIP 数据核字（2022）第 183327 号

从农户到农企：农业经营的 7 项准则
（CONG NONGHU DAO NONGQI：NONGYE JINGYING DE 7 XIANG ZHUNZE）

作　　者：[日] 泽浦彰治
译　　者：赵　洋
责任编辑：申　浩
出　　版：东方出版社
发　　行：人民东方出版传媒有限公司
地　　址：北京市东城区朝阳门内大街 166 号
邮　　编：100010
印　　刷：北京联兴盛业印刷股份有限公司
版　　次：2023 年 1 月第 1 版
印　　次：2023 年 1 月第 1 次印刷
开　　本：880 毫米×1230 毫米 1/32
印　　张：6.75
字　　数：110 千字
书　　号：ISBN 978-7-5207-3003-7
定　　价：49.00 元
发行电话：(010) 85924663 85924644 85924641
